WANDERER, KOMMST DU NACH HELLAS

Überliefertes, Gedachtes und Erschautes
aus drei Jahrtausenden
in Zeugnissen berühmter Reisender, Dichter
Schriftsteller, Historiker und Archäologen

Illustriert auf 40 Farbseiten
mit Griechenlandansichten
von Carl Rottmann
in einer Gegenüberstellung
mit zeitgenössischen Photographien
von Wolfgang Müller

WANDERER, KOMMST DU NACH HELLAS

Eine Griechenland-Anthologie
herausgegeben von Heinz Nitzschke

HERDER FREIBURG · BASEL · WIEN

Die in diesem Buch abgebildeten Griechenland-Ansichten von Carl Rottmann gehören zu dem Zyklus enkaustischer Wandgemälde, die der Künstler im Auftrag König Ludwigs I. für die Münchener Hofgarten-Arkaden schuf. 1850 waren die „historischen Landschaftsbilder" vollendet, sie befinden sich heute an verschiedenen Orten in München.

Der Archäologe und Künstler Otto Magnus von Stackelberg reiste von 1810–14 durch Hellas und suchte die „klassische Natur Griechenlands" in feinen Bleistiftzeichnungen wiederzugeben. Die hier abgebildeten schwarzweißen Reproduktionen entstanden nach lithographischen Umzeichnungen der Originale von Stackelbergs.

Die Zitate in den Legenden der Gemälde von Carl Rottmann stammen aus der Feder des Architekten Ludwig Lange, der Carl Rottmann auf seiner Griechenland-Reise begleitete. Entnommen aus: Die Griechischen Landschaftsgemälde von Karl Rottmann in der neuen königl. Pinakothek zu München, beschrieben von Ludwig Lange. München 1865.

BILDNACHWEIS:

Artothek, München – J. Blauel: 2, 3, 4, 12; – Blauel/Gnamm: 8, 14, 18, 23; – J. Remmer: 13, 26; W. Müller: 1, 5, 6, 7, 9, 10, 11, 15, 16, 19, 20, 21, 22, 24, 25, 27; Staatliche Graphische Sammlung, München: 17.

Farbreproduktionen: H. und H. Schaufler, Freiburg
Gesamtherstellung: Freiburger Graphische Betriebe 1987
ISBN 3-451-20970-5

VORWORT

Die Reise nach Griechenland ist von allen Reisen, die wir unternehmen, die geistigste. Sie ist eine geistige Pilgerschaft.

Sind wir dieser Meinung Hugo von Hofmannsthals, dann sollten uns auf einer solchen Fahrt ins Land der Hellenen neben den guten und notwendigen Ratschlägen der Reisehandbücher und neben den Belehrungen der archäologischen Führer auch die Stimmen derjenigen begleiten, die das alte Hellas einst und heute erschaut und erlebt haben. Sie erschließen uns eine Dimension dieser Kulturlandschaft, in die wir in besinnlichen Stunden einzudringen vermögen. Dafür möchte dieses Büchlein ein Helfer sein. In ihm sollte der pilgernde Reisende blättern, wenn er etwa von der Pnyx hinüberschaut auf die Akropolis oder wenn er auf Kap Sunion, die schlanken weißen Säulen des Poseidon-Tempels neben sich, hinüberträumt, über die weite Ägäis zu den Eilanden in der Ferne oder wenn er am Fuße der Phädriaden, die Ruinen der heiligen Stätte, die silbergrauen, unermeßlichen Weiten der Olivenhaine und das ferne Glänzen des Korinthischen Golfes vor sich, dem Schweigen der delphischen Gottheit lauscht, oder wenn er, wieder daheim, das Geburtsland europäischen Geistes noch einmal im Geiste durchreist.

Ein vierjähriger Aufenthalt in diesem Land unserer Sehnsucht und einige Reisen dorthin ließen mich nach diesen Stimmen suchen. Es ist ein vielstimmiger Chor: neben dem pathetischen Hymnus die nüchterne Registrierung, neben der wissenschaftlichen Darlegung die subjektive Tagebucheintragung oder der persönliche Brief. Aber gerade die Vielfalt dieser alten und jungen Stimmen ergibt ein – wie mir scheint – eindrucksvolles Loblied auf jenes alte, ewig junge, beglückende Land.

Heinz Nitzschke

INHALT

HELLAS

Von allen Völkerschaften haben die Griechen den Traum des Lebens am schönsten geträumt.

Mit diesen Worten Goethes läßt sich auch heute treffend fassen, was die Geburtsstätte abendländischer Kultur und Gesittung mit ihrer fast 2000jährigen Geschichte vor allem auszeichnete.

Hervorgegangen aus den seit Beginn des zweiten Jahrtausends v. Chr. eindringenden indogermanischen Stämmen der Ionier, Achäer und Dorer, die ihre Traditionen in die vorgefundene frühhelladische Kultur der griechischen Urbevölkerung einbrachten, breiteten die Griechen ihre Kultur über weite Teile Europas bis nach Spanien, Ägypten, Kleinasien und die Schwarzmeerküste aus. Unter Alexander d. Gr., in der zweiten Hälfte des 4. Jahrhunderts, und während des Hellenismus entstand ein erstes kulturelles Weltreich.

Nur ein ganz besonderer Sinn für das Schöne, ein Leben mit und in dieser so einzigartigen Landschaft unter griechischer Sonne konnte in Literatur und Kunst das hervorbringen, was Grundstein für die Entwicklung des gesamten Abendlandes werden sollte.

Was wäre die europäische Literatur ohne die epischen Dichtungen Homers, ohne die lyrischen Hymnen der Sappho, des Alkaios und des Anakreon, ohne die Tragödien von Aischylos, Sophokles und Euripides und die Komödien des Aristophanes? Auch die abendländische Philosophie gründet auf den Ideen und Erkenntnissen der großen griechischen Philosophen und ihrer Schulen, von den Vorsokratikern bis zur Stoa.

Für Götter, Heroen und Menschen haben die griechischen Bildhauer von der archaischen bis in die hellenistische Zeit stets einander gleichende Ideale geschaffen. Waren die Figuren in der Archaik von hieratischer Strenge in Ausdruck und Haltung – man denke an die von ägyptischen Vorbildern angeregten Kuroi, in deren Typus Götter, Verstorbene oder siegreiche Wettkämpfer gleichartig dargestellt wurden –, so begann in der Übergangszeit zur Klassik mit eingehenden Studien der Anatomie die Verlebendigung. Bald kamen in bewegteren Figuren aber auch Tugenden und Leidenschaften zur Darstellung, in gleicher Weise wieder für Götter und Menschen. Dieses vielfältige griechische Menschenbild lebt in der abendländischen Kunst bis heute fort.

Wie in der Plastik, so war auch in der Architektur die in der Klarheit der Form erreichte Vollkommenheit nicht ohne das griechische Körperideal denkbar. Die Proportionen des menschlichen Körpers wurden auf die Tempelsäulen übertragen, die in den Koren des Erechtheion auf der Athener Akropolis sogar durch weibliche Figuren ersetzt worden sind.

Alle bekannten Staats- und Gesellschaftsformen, ob Tyrannis, Aristokratie, Oligarchie, Monarchie oder Demokratie, hatten ihren Ursprung in Griechenland. Wie oft gebraucht man heute diese Begriffe, ohne an ihren Ursprung zu denken. Der reiche Wortschatz der altgriechischen Sprache lebt auch noch, und nicht nur in zahlreichen Fachausdrücken fort.

In dem folgenden Kapitel kommen nun manche Stimmen zu Wort, die sich in Gedanken oder im Schauen und Erleben mit Hellas auseinandergesetzt haben.

DIE PILGERFAHRT

Und an dem Ufer steh' ich lange Tage,
Das Land der Griechen mit der Seele suchend ...

Johann Wolfgang von Goethe

Die Reise nach Griechenland ist von allen Reisen, die wir unternehmen, die geistigste. Hierher am wenigsten schickt uns halbsinnliche Neugier, die der geheime Untergrund so vieler Reisen ist und immer gewesen ist, und wir sind fast befremdet, wenn uns Griechenland, schon ehe wir es betreten haben, mit dem empfängt, woran wir hier am wenigsten gedacht hätten: einem bezaubernden, ganz orientalischen Duft, gemischt aus Orangenblüten, Akazien, Lorbeer und Thymian.

Es ist eine geistige Pilgerschaft, die wir unternommen hatten, und wir hatten vergessen, daß diese Landschaft einen andern Duft aushauchen könnte als den der Erinnerungen. Dem, was wir sehen wollen, hebt sich zuviel geistige Ungeduld entgegen; wir tragen zu viele Seelen in uns, die ihre Aspiration nach diesen Hügeln und Tempeltrümmern mit der unseren vermischen. Wir kommen an, verloren in einem Bündel schattenhafter Gefährten. Aber wie wir den Fuß auf diesen Strand setzen, das wirkliche Gestein unter unserer Sohle fühlen, die sonnige und frische Luft einziehen, lassen sie uns alle im Stich. Wir stehen im Vorhof unserer Sehnsucht, und wir fühlen, daß wir unsere Führer verloren haben. Bis vor kurzem noch, als das Schiff sizilisches, „groß-griechisches" Gewässer befuhr – war Goethe mit uns. Er bleibt zurück, wie der italische Strand hinter uns zurückbleibt. Mit einemmal fühlen wir ihn als Römer. Der große Kopf der Juno Ludovisi steht zwischen uns und ihm. Wir erinnern uns, daß er nie eine wirkliche Antike, nie ein Bildwerk des fünften Jahrhunderts gesehen hat, und die Serenität, in die er mit Winckelmann sein Altertum tauchte, ist uns die Verfassung eines bestimmten Augenblicks der deutschen Seele, nichts weiter ... *Hugo von Hofmannsthal*

So gewissenhaft wir uns ... von jeder phantastischen Überschätzung der Ortsanschauung fernhalten, umso entschiedener dürfen wir auch die wirklichen Vorteile derselben anerkennen und der Gunst der Verhältnisse dankbar gedenken, durch welche es jetzt auch uns Deutschen immer leichter gemacht wird, auf dem klassischen Boden einheimisch zu werden. Es ist zunächst ein Genuß der edelsten Art, dadurch zu einem lebendigeren Verständnisse der alten Geschichte in ihren einzelnen Zügen sowie in ihrer ganzen Entwicklung zu gelangen. Die alten Namen, seit der Kinderzeit allen bekannt, hören auf, ein bloßer Klang zu sein; man hat die Form der Berge, die Lage der Städte, das Ufer der Flüsse vor Augen ... *Ernst Curtius*

Ein ungeheures Gefühl der Erwartung, eine Spannung ohnegleichen befällt mich, während ich mich für das Ausschiffen fertig mache und zwischen Kragen und Rock einen Blick durch das Bullauge hinauswerfe. Farbe und Ton, das ist mein erster Eindruck von Griechenland, das was Schule und Beschreibung schuldig geblieben sind und zum Teil schuldig bleiben mußten, Farbe und Ton, von Erregung und Hoffnung noch riesenhaft vergrößert. Das Gefühl des Erwartens, das ein Mensch voll Leidenschaft und Einbildungskraft sich von einem Gegenstande oder Erlebnisse macht, ist stärker als der Eindruck der Sache selbst. Das Schönste an der Liebe ist der Zustand des ungewissen hoffnungsvollen ersten Verliebtseins – ein Freund wird dich nie so entzücken wie die Freude auf ihn dich entzückt, wenn Du auf dem Bahnhofe stehst und den Zug einlaufen siehst, der ihn bringen wird. Das Schönste an Griechenland war das Gefühl der Erwartung Griechenlands an jenem Frühmorgen zu Ende März 1912 ...

Es erzeugt ein sehr verschiedenes Gefühl, in einem Lande zu reisen, in dem man lebt oder in das man leicht wiederkehren kann, oder in einem zu sein, in das man wahrscheinlich nicht mehr zurückkommen wird. Die Liebe zu diesem Lande hat einen Beigeschmack des Großartig – Vergänglichen, des Leidvollen. Da liegt das Land, das für uns nun untergehen wird, das Land, vor dessen Wert Euripides die Kunst seines Dichterwortes für hilflos erklärt.

Josef Ponten

Dieses Griechenland! Hier fährt man unter dem verlorenen Zeichen der Dreiheit. Zeus, Hades, Poseidon bildeten sie, bevor Heraklit und Einstein sich damit befaßten. Die Unsterblichen des Olymp neigen das Haupt, wenn Zeus zürnt. Aber Hades und Poseidon heben es hoch. Sie erhalten keinen Befehl. Mit Zeus sind sie eins in drei.

Spezialisten werden Genaueres über dieses Land berichten, das herrliche Ungeheuer ans Licht zogen. Jedesmal, wenn ich mich seinem Zauber hingebe, beschämt mich etwas, das ich in der Jugend tat: ich hatte damals über Maurras gehöhnt, weil er eine Säule des Parthenon umarmte. Und doch hatte diese Geste nichts Lächerliches. Rosafarbenes Feuer strömt durch die Adern des Marmors. Dieser Marmor spricht. Wenn die Grillen schweigen, hört man es ... Für eine Seele, die nicht an die Perspektiven des Raumes und der Zeit glaubt, ist eine Ruine ein Opfer an das, was man Zukunft nennt. Sie wird fast ein Entwurf, eine wirre Hoffnung. Aber diese und der Ort verlieren ihren Sinn unter einem Himmel, der wie eine Decke des Veronese bevölkert ist, und so beginnt man in dem offenen Käfig der Pallas Athene wieder zu hoffen, anstatt zu verzweifeln.

Jean Cocteau

Griechenland gründlich erforschen, hieße ein ganzes Leben daran wenden. Und mehrere Leben, wenn man gern erkunden möchte, was unter der Oberfläche liegt ... Es bis ins Einzelne zu kennen, ist unmöglich; es zu verstehen, erfordert Genie; sich in dieses Land zu verlieben, ist die leichteste Sache der Welt. Es ist, als verliebe man sich in das eigene erahnte, in tausend funkelnden Facetten widergespiegelte Ebenbild. Jeder Winkel offenbart irgendeinen unbekannten, unvermuteten Aspekt des eigenen Wesens. In jedem gesplitterten Fragment, dem man begegnet, steht man Auge in Auge mit seinem archaischen Selbst. Inmitten von Ruinen zu stehen, das Auge auf den vereinzelten Überbleibseln eines Tempels, eines Palastes, eines Bades oder eines Aquäduktes verweilend, über dem Torso einer Karyatide, den abgetrennten Kapitälkelch einer edlen Säule, den fast ausgelöschten Fries eines Säulengebälks zu stolpern, heißt, in einen Erinnerungsstrom einzutauchen, dessen Quellen so alt sind wie die Menschheit selbst. Sein Verlangen, sich selber zu erkennen, woher er kommt und wohin er geht, ist eingebettet in die Schöpfungen, mit denen er sich umgibt, und die niemals beredter zu uns sprechen, als wenn sie verfallen, zerbrochen, preisgegeben sind.

In dem erhabenen Frieden, der in einem antiken Amphitheater über einen kommt, fühlt man sich, einem Baumriesen gleich, von den ungeheuren Winden der Geschichte geschüttelt. Von der Nichtigkeit der Geschichte, könnte ich sagen. Hier herrscht, nach all dem Lärm und Blutvergießen, nach all dem Blendwerk von Triumph und Niederlage, ein Friede, eine Ruhe, geboren aus unendlichem Nichts. Der Geist ist nicht mehr den Taten verhaftet, sondern darf wandern, darf sich der Ruhe hingeben, im reinen Sein verweilen.

Henry Miller

DAS LAND

Das Mittelmeer ein Eilandmeer: Griechenland. Ich schaute das Reich des Traumes, wo der Mond nie untergeht, und als seine Wirklichkeit erkannte ich den Ölbaum.

Hellas zeigt sich uns unter leicht über See gewellten Sonnenschleiern, die das Inselreich entirdischen. Allmorgendlich wird Kypris geboren; Griechenland ist die Ewigkeit der frühen Taustunde. *Theodor Däubler*

Was ist es, das
An die alten, seligen Küsten
Mich fesselt, daß ich mehr noch
Sie liebe, als mein Vaterland?
Denn wie in himmliche
Gefangenschaft verkauft
Dort bin ich, wo Apollo ging

In Königsgestalt,
Und zu unschuldigen Jünglingen sich
Herabließ Zeus und Söhne in heiliger Art
Und Töchter zeugte
der Hohe unter den Menschen.

Friedrich Hölderlin

Wenn ich ein Dichter bin, hat mich die Luft Griechenlands dazu gemacht. *Byron*

Das Erlebnis des Lichts ist das höchste, das eindringlichste, erfüllendste Griechenlands. Ohne das Licht wäre Griechenland nicht: seine Kunst nicht, seine Götter nicht, seine Menschen nicht. Nur in diesem Licht waren sie *einmal* möglich. Es ist aber eigentlich kein Licht mit Eigenschaften des Lichts als vielmehr eine ungeheure Helligkeit. Kein Mensch könnte ihre Farbe nennen und es ist ihr nicht um Töne zu tun. Sie eigentlich ist die Luft, in der die Dinge atmen. Sie blendet nicht, sie ist nur unfaßbar hell. Sie schmeichelt nicht, beschönigt nicht. Sie will nur Klarheit, Bestimmtheit, Unerbittlichkeit der Form. Sie haßt Geheimnisse. Es ist, als ob das Land keine Falten hätte. Sie freut sich an nackten Leibern. Sie macht alles einfach, froh, selbstbewußt, eindeutig.

In ihr stehen und ruhen die Dinge; sie stehn und *beruhen.* Selbst Bewegung wird klarbewußt, ruhig in diesem Licht, wie alles im Klarsten sich ruht und beruhigt. In diesem Lichte thronen die Himmlischen wirklich auf dem Olymp in den goldenen Sesseln und essen vom Nektar; und Aphrodite entsteigt wirklich der Flut und Thetis naht sich vom Meer, um den göttlichen Sohn zu trösten über den Tod des Patroklos. Sie sitzen nicht in den Nebeln von Asgard, noch bewohnen sie Höhlen und unwegsame hohe Gebirge, noch sind sie ungeheuerlich, noch sind sie fern und unsichtbar. Diese Helligkeit nähert alles einander. Menschliches Auge nur wurde zum Maß der Dinge, und Menschliches wurde das Maß des Lebens. Götter und Menschen – wo war die Grenze? – Reinste Form der Natur und inneres Gesicht: ihr begegnet einander im Lichte.

Rudolf G. Binding

DIE HELLENEN

Die Bleibenden

Alles geht der Vernichtung Bahn.
Selbst der Dichtung hehre Gestalten,
Dauernder als des Lebens Gewalten,
Sind der Vergänglichkeit untertan,
Welken hin und veralten.
Nur enthoben dem Wechselspiel
Stehen die ewig jungen Hellenen,
Allem Schauen, Staunen und Sehnen
Bleibendes Ziel.
Wie die Zeiten brausend
Vorüberwandern,
Ein Jahrtausend
Zeigt sie dem andern.
Das Schöne wird häßlich, zum Laster die Tugend,
Sie aber blühen in Götterjugend.
Heut noch am blumigen Wiesenhang
Weidet Daphnis die Stier' und Kälber,
Zu der lieblichen Flöte Klang
Tanzen Pan und die Nymphen selber.
Fort und fort bis ans Ende der Welt
Brausen die Kämpfe um Ilions Mauern,
Irrt Odysseus in Sturmesschauern,
Ewig grollt der Pelide im Zelt.
Ewig schwebt um das Schreckensbad
Klytämnestras blutiger Schatten,

Klagechöre, die nie ermatten,
Folgen Antigones Todespfad.
Dorthin nach ihrem goldenen Morgen,
Nach der Unschuld verlorenem Glück,
Blickt die Menschheit aus Not und Sorgen
Ewig zurück.
Heil, o Heil dem selig verweilenden,
Immerwährenden
Griechengeschlechte!
Uns, den Enteilenden,
Nimmerkehrenden,
Gönnt es freundlich des Gastes Rechte.
Ihre tauigen Gärten
Laden uns ein,
Auf ein Weilchen Gefährten
Der Götter zu sein.
Dort reifen Äpfel am Baum der Bäume,
Wer die genossen, der altert nie.
Dort schenkt uns Armen den Traum der Träume
Die Welterlöserin Poesie. *Isolde Kurz*

In Griechenland hat man das Gefühl, daß Genie, nicht Mittelmäßigkeit, die Regel ist. Kein Land hat im Verhältnis zu seiner Bevölkerung so viele Genies hervorgebracht wie Griechenland. Diese kleine Nation hat der Welt in einem einzigen Jahrhundert fast fünfhundert geniale Menschen beschert. Die griechische Kunst, die auf fünf Jahrtausende zurückgeht, ist ewig und unvergleichlich. Die Landschaft bleibt die wohltuendste, die wunderbarste, die unsere Erde zu bieten hat. Die Bewohner dieser kleinen Welt lebten in Harmonie mit ihrer natürlichen Umgebung, sie bevölkerten sie mit Göttern, die wirklich waren, und mit denen sie in inniger Gemeinschaft lebten. Die griechische Weltordnung ist das beredteste Beispiel der Einheit von Gedanke und Tat. Sie besteht sogar noch heute, obwohl ihre Elemente schon seit langem verflattert sind. Das Bild Griechenlands, so verblaßt es auch sein mag, besteht noch immer als Archetypus, des vom menschlichen Geist bewirkten Wunders. Ein ganzes Volk stieg, wie es die Spuren seiner Leistungen bezeugen, zu einem Gipfelpunkt empor, der weder vorher noch seither je wieder erreicht wurde. Es war ein Wunder, es ist es noch immer.

Henry Miller

DIE GÖTTER

Die griechischen Götter, der Vater Zeus, die kluge Athena, Apollo, der Inbegriff des Adligen im Menschen, Aphrodite, die sinnliche Liebesgöttin, Dionysos, der schwärmerische Weingott mit seinem ausgelassenen Volk der Satyrn und Silene existieren gewiß nicht mehr als reale Götter. Ihre Tempel sind zerfallen, ihre Priestertümer aufgelöst, ihre Orakel verstummt. Aber sie leben weiter in unserer Kultur als sittlich-ästhetische Lebensmächte und vertiefen und beseligen das Dasein. So sind sie ja zuerst von der Renaissance wieder entdeckt worden, so hat Winckelmann sie wiedergesehen, so erscheinen sie in den Hymnen Goethes und Hölderlins und in den Entwürfen des Hans von Marées. Aber nirgends sind sie in der Mannigfaltigkeit ihrer Lebensbezüge, in der Verklärung der Hauptsituationen des menschlichen Daseins, ja in seiner fortwährenden Heiligung zugänglicher, präsenter, ja man möchte sagen, zu einem fortwährenden Gespräch bereiter als in der griechischen Kunst, und zwar nicht etwa nur in deren großen Monumenten, den Götterstatuen, Giebelfiguren, Tempelfriesen und Metopen, sondern gerade in den kleineren, zum Teil unscheinbaren Gebilden, zu denen nur die Wissenschaft der Archäologie den Zugang eröffnet. Es hat ja kein Volk der Welt einen zugleich so realistischen und so poetischen Spiegel seiner totalen Existenz in der Kunst hinterlassen wie die Griechen in ihrer Vasenmalerei. Wüßten die Menschen, welche Schätze, nicht etwa an äußerlichem geschichtlichem Tatsachenwissen, sondern an tief religiöser, menschlich freier Bildung des Herzens im Studium der griechischen Denkmäler zu heben sind, sie würden alle Archäologie studieren. *Ludwig Curtius*

Hier haben Götter und Halbgötter, mit jedem weißen Berggipfel, jedem Tal und Tälchen, jedem Baum und Bäumchen, jedem Fluß und Quell vermählt, alles geheiligt. Geheiligt war das, was über der Erde, auf ihr und in ihr ist. Und rings um sie her das Meer war geheiligt. Und so vollkommen war diese Heiligung, daß der Spätgeborene, um Jahrtausende Verspätete, daß der Barbar noch heut – und sogar in einem Bahncoupé – von ihr im tiefsten Wesen durchdrungen wird.

Man muß die Bäume dort suchen, wo sie wachsen, die Götter nicht in einem gottlosen Lande, auf einem gottlosen Boden. Hier aber sind Götter und Helden Landesprodukte. Sie sind dem Landmann gewachsen wie seine Frucht. Des Landbauers Seele war stark und naiv. Stark und naiv waren seine Götter.

Gerhart Hauptmann

Die Religion der Griechen ist ein vielschichtiges Gebilde gewesen. Götter verwandeln sich, werden miteinander verschmolzen, werden vergessen, verschwinden. Neue aus dem unerschöpflichen Asien hervortretende Gottheiten werden in die griechische Religion aufgenommen. Dionysos ist für Homer kaum ein Begriff gewesen. Und welche Rolle hat er später gespielt! ...

Die griechische Religion hat keine Bibel, keinen Koran, keine Dogmatik, keine schriftlich festgelegte Überlieferung gehabt. Sie hat keine Märtyrer und keine

Heiligen. Sie hat keine Furcht vor Gespenstern gekannt. Die Priesterschaft war duldsam. Es gab keine priesterliche Hierarchie. Nur durch die Orakel griffen die Diener der Götter in die Geschehnisse ein. Mit diesem Mittel allerdings haben sie große Wirkungen erzielt. So haben sie die Gründungen der Kolonien dirigiert, und das mit so viel Scharfblick und politischem Geschick, daß Europa noch heute den Nutzen davon hat. Die griechische Religion ist die Religion eines aufgeklärten Volkes gewesen. Sie hat eine hohe Moral hervorgebracht. Der Eid war heilig. Die Ehe war durch das Gesetz geschützt. Die griechischen Frauen genossen ein hohes Maß von Achtung und Freiheit. Wer den Bittenden, den Gast, den Armen, den Wanderer beleidigte, der beleidigte die Götter. *Peter Bamm*

DIE KUNST

Das allgemeine vorzügliche Kennzeichen der griechischen Meisterwerke ist ... endlich eine edle Einfalt und eine stille Größe, sowohl in der Stellung als im Ausdruck. So wie die Tiefe des Meeres allezeit ruhig bleibt, die Oberfläche mag noch so wüten, ebenso zeigt der Ausdruck in den Figuren der Griechen bei allen Leidenschaften eine große und gesetzte Seele.

Johann Joachim Winckelmann

Vielleicht erfassen wir eine ganze Gestalt, die in Marmor vor uns aufsteht, noch immer mit einem romantischen Blick. Vielleicht leihen wir ihr zuviel von unserer Bewußtheit, von unserer „Seele“. Wir wollen uns in acht nehmen, die unendlich verschiedenen Welten nicht zu vermischen. Aber auch ein nüchterner, nur sehr aufmerksamer Blick, geheftet auf eines dieser Trümmer: einen Arm mit der Hand, eine halbentblößte

Schulter, das eine Knie einer Göttin unter dem fließenden Gewand: auch dieser nüchterne, jedes Mitschwingen ablehnende Blick füllt sich nach wenigen Sekunden unfehlbar mit dem Gefühl dieser Komplettheit, an der Geist und Sinne den gleichen wunderbar ausgeglichenen Anteil haben. Diese Hände, so schön als stark und so ohne Ostentation der Kraft oder der Schönheit, wie berechtigen sie das Wort des Anaxagoras: der Mensch sei das klügste der Tiere darum, weil er Hände besitze. Wie spielt in diesen wunderbaren Organen des Körpers der νοῦς des Anaxagoras sein freies Spiel. Organe, Werkzeuge, sie sind's, aber keine dumpferen, keine ungeistigeren als die Worte. Beim Anblick dieser wendsamen, mit Kräften trächtigen, klugen fürstlichen Glieder enthüllt sich uns, wie eine Kette von Berggipfeln aufblitzend, die philosophische Sprache der Griechen, Wahrlich, hier führen die geistigen und die leiblichen Spuren einen Weg: und alle führen sie in die Höhle des Löwen.

Hugo von Hofmannsthal

Die große Tat der griechischen Meister ist die Auffindung, die Gestaltung der Hohen Schicksalswelt. Wie die Tragödiendichter diese Welt, einmal für immer, klar und groß in den Dramen des fünften Jahrhunderts uns vor Augen gestellt haben, so haben die Erzgießer und Bildhauer sie in den heroisch-gespannten Götterbildern und Siegerstatuen des Phidias, des Polyklet und ihrer engeren und weiteren Umgebung verdichtet. Und wie das Drama noch geladen ist mit der Feierlichkeit des Dionysosfestes und seiner Mythenverkündigung, so sind diese Standbilder noch angefüllt mit alter stellvertretender Kraft, die über eine „Kunstwelt" hoch hinaushebt in den Bereich einer fruchtbaren Begegnung von Staat zu Volk, von Mensch zu Mensch, in den Bereich einer heilenden Einwirkung, wie sie dem Drama nachgesagt wurde. Das Hohe Schicksalsland des Menschen ist das große und feierliche Wort der Griechen, mit dem sie uns immer wieder beglücken, begeistern, erschrecken. *Ernst Buschor*

DIE TEMPEL

Die Griechen waren nicht minder vortrefflich in der Wahl der Lage ihrer Gebäude als in der Architektur derselben. Der größte Teil der Vorgebirge des Peloponnes, der Landschaft Attika, Ioniens und der Inseln des Archipels waren mit Tempeln, Trophäen oder Gräbern besetzt. Diese Denkmäler, von Wäldern und Felsen umzingelt, unter allerlei Spielen des Lichtes beleuchtet, bald mitten unter Wolken und Blitzen, bald vom Monde, bald von der untergehenden Sonne, bald von dem sanften Morgenrot beschienen, mußten den Küsten Griechenlands eine unvergleichliche Schönheit verleihen. *F. R. de Chateaubriand*

Wie steht er so groß und schlicht vor uns, der griechische Tempel! So einfach schön, so feierlich ruhig, so göttlich heiter! Er ist nicht wie unsere Kirchen ein Versammlungshaus für die andächtige Gemeinde; nur das Bild des Gottes, dem er geweiht ist, und dessen heilige Schätze und Weihgeschenke sind in ihm ... Der Gott, der da drinnen wohnt in der viereckigen Cella, ist kein finsterer verschlossener Gott, er ist ein Gott der Freude und der ewigen Heiterkeit, ein Gott des Lichtes. Licht und Luft zu fassen, öffnet sich die Vorhalle, und ringsum läuft ein Säulengang, die enge Wohnung des Gottes mit der glückerfüllten Außenwelt zu verbinden. Freudig in ihrer Kraftfülle, elastisch lebendig streben die Säulen empor; aber es ist dafür gesorgt, daß die Bäume nicht in den Himmel wachsen. Ihr keckes Emporstreben wird gedämpft und beruhigt durch den Ge-

gendruck des Dachbaues, der über den Säulen schwebt, und den zu tragen sie bestimmt sind ... Und am Fries und Giebel erschließt sich diese stumme Sprache der tektonischen Formenwelt zum beredten, individuell bildnerischen Ausdruck, der die Taten des Gottes verkündet, den der Tempel verherrlicht. Dieses Streben und Gegenstreben, dies Erheben, das mit innig freudiger Selbstbeschränkung sich willig in seine angeborenen Schranken zurückbeugt, dieses lebensvolle Insichberuhigtsein ist es, das so heiter und harmonisch wohltuend auf den Beschauer zurückwirkt. *Hermann Hettner*

Die Griechen – neben den Juden wohl das frömmste Volk der Geschichte ... – bauten Tempel in einer Anzahl, neben der die Zahl all ihrer Paläste, Burgen und Triumphbogen, ja selbst ihrer Theater gering erscheint. Voll brüchiger Schönheit stehen sie in klassischer Vollendung auf Bergen und in Tälern. Noch weilen die Götter in ihnen, noch lebt die unvergleichliche Vergangenheit, deren Glanz schon jedem unserer Kinder, kaum daß es lesen gelernt hat, in die Seele gesenkt wird. Der Vergangenheit kann man sich nicht entziehen. Sie beherrscht unseren Geist. Nähme man sie uns weg, was bliebe? Bauten in schönsten Maßverhältnissen und in reizvoller Lage, mehr oder weniger zerstört, die Seele wäre dahin.

Eine weitere Frage ist, in welchem Maße die Zerstörtheit der Bauten ihre Schönheit und damit unsere Gefühle bedingt. Ständen sie heute so da, wie sie erbaut wurden, in der Farbenpracht ihrer frischen Bemalung, mit farbigen Plastiken, mit polierten Marmorfußböden, die Dächer im Schmuck ihrer leuchtend getönten olympischen Figuren, würden wir sie dann auch noch so bewundern? Oder würden wir nicht vielmehr eine Spur grellen Prunks, ja sogar schlechten Geschmacks in diesen glanzvollen, diesen vollendeten Palästen der Frömmigkeit entdecken, die so üppig in kahler Gebirgswelt über dem Meer aufragen? Heute stehen die Tempel da, köstlich gereift in Jahrhunderten, verwittert, ohne Dach, geborsten, mit abgeblätterten Farben, die Hälfte der Säulen zerstreut am Boden liegend, ausgesetzt den Angriffen der Zeit, den Feinden, den Räubern, den Erdbeben, aber immer noch aufrecht in ihrer brüchig gewordenen Schönheit zwischen Stauden, Felsen und der andrängenden Wildnis, der Vergänglichkeit spottende Symbole einer Kultur, die dahinging, einer Kultur, die es in dieser überwältigenden Größe in der Geschichte nur ein einziges Mal gegeben hat.

Rose Macauly

Wie unendlich wichtig die Farbe am antiken Tempel und seinem plastischen Schmucke ist, das empfindet wohl ein jeder, wenn er von dem rekonstruierten farbigen Bilde zu dem farblosen zurückkehrt. Man hat gar keinen Begriff von der leuchtenden, frohen Schönheit altgriechischer Kunst, wenn man ihren Farbenschmuck nicht kennt. Wir empfinden nun erst recht, wie viel es bedeutet, daß uns ihre Farbe in den meisten Fällen vollständig verloren ist. *Adolf Furtwängler*

ATHEN

Sage, wo ist Athen?, fragt Hölderlin im „Archipelagus" und denkt über Verfall und Vergänglichkeit dieser einst so blühenden griechischen Stadt nach, indem er ihre große Vergangenheit beschwört und sich wie Andere seiner Zeit nach ihrer Wiedergeburt sehnt. Heute hingegen sieht sich der Besucher Athens einer unerbittlichen Wirklichkeit gegenüber, die ihn solcher Illusion beraubt. Längst haben Beton, Asphalt und Lärm die antiken Reste umstellt, einzig der steilaufragende Kalksteinfelsen der Akropolis erhebt sich noch beherrschend über der brodelnden Stadt.

In mykenischer Zeit (16. Jh. v. Chr.) Burgberg der Könige, wurde die Akropolis für die Griechen des 1. Jahrtausends zum großen Heiligtum Athens. Ein erster großer Tempel, der Vorgängerbau des Erechtheion, entstand im früheren 6. Jahrhundert v. Chr. und wurde gegen Ende desselben Jahrhunderts umgebaut und erweitert. Dem Perserkrieg fielen im Jahre 480 v. Chr. Stadt und Akropolis zum Opfer. Die Trümmer der Zerstörung fanden sofort als Baumaterial Verwendung bei der Errichtung der neuen Burgmauer, oder sie wurden auf der Burg „begraben" (sog. Perserschutt).

Um die Mitte des 5. Jahrhunderts setzte eine neue Bautätigkeit auf der Burg ein und erreichte unter Perikles bald ihren Höhepunkt. Während seiner Regierungszeit entstand unter der künstlerischen Leitung von Phidias der Parthenon (447–438) – das marmorne Gehäuse für das Goldelfenbeinbild der Athena Parthenos, Mnesikles schuf den mächtigen Torbau der Propyläen in den Jahren 437 bis 432. Das dem Heros Erechtheus geweihte Erechtheion wurde ebenso wie der kleine ionische Athena-Nike-Tempel erst nach 420 errichtet.

Nach einem langen wechselvollen Schicksal mit zahllosen Veränderungen (türkische Moschee), Zerstörungen und Verödung ist heute schließlich die Luftverschmutzung zum ärgsten Feind auch der Akropolis geworden. Seit einiger Zeit wird deshalb mit allen nur denkbaren Mitteln versucht, die antike Bausubstanz zu retten.

Zu Füßen der Akropolis wuchs die antike Stadt: im Norden wurde seit dem 6. Jahrhundert der Marktplatz Athens, die Agora mit ihren öffentlichen Amtsgebäuden, Hallen und

Tempeln angelegt, durch die Prozessionsstraße der Panathenäen mit der Akropolis verbunden. An den Südhang des Burgberges schmiegten sich ein dem Asklepios geweihter heiliger Bezirk mit Quelle und Tempel und ein Dionysos-Heiligtum mit Tempel und großem Theater, beide im 5. vorchristlichen Jahrhundert aus Stein begonnen und nach ihrer Vollendung im 4. Jahrhundert in hellenistischer und römischer Zeit mehrfach umgebaut.

Von den insgesamt 13 Stadttoren des alten Athen ist das Dipylon (Doppeltor) im Nordwesten der Stadt das bekannteste. Hinter ihm, jenseits der Stadtgrenzen, breitete sich im Töpferviertel (Kerameikos) der Hauptfriedhof Athens aus.

Erlebte Athen im Anschluß an die Perserkriege unter Perikles im 5. Jahrhundert v. Chr. mit der Vollendung der attischen Demokratie seine höchste Blüte in Kunst, Kultur und Gesellschaft, so leitete bereits gegen Ende desselben Jahrhunderts der für Athen unglückliche Ausgang des Peloponnesischen Krieges (431–404 v. Chr.) einen Abstieg des Stadtstaates ein. Hellenistische Könige von Pergamon im 2. Jahrhundert v. Chr. und der römische Kaiser Hadrian sowie ein reicher attischer Bürger, Herodes Atticus, im 2. Jahrhundert unserer Zeit, haben der Stadt zu erneuter, wenn auch nur vorübergehender Blüte verholfen.

DER ORT

Gesegnet von alters, Erechtheus' Volk,
Der seligen Götter erlauchtes Geschlecht!
Euch spendet der Boden der heiligen Flur,
Der nimmer versehrte,
Erhabener Wissenschaft geistiges Brot.
Die Luft ist so leicht, der Himmel so hell,
Da wandelt's sich wohlig.
Und alle die Musen im keuschen Verein,
Sie fanden zum höchsten harmonischen Sang
In Athen den vollsten Akkord.

Wo lieblich murmelnd Kephisos rinnt,
Da schöpft Aphrodite erfrischendes Naß.
Das tragen die Winde so lind und so lau
Weit über die Gärten.
Es hören die Rosen zu blühen nicht auf,
Und die Göttin bricht sich das frischeste Reis
Zu duftigem Kranze.
Und der Wissenschaft schickt zum Geleite sie Kunst
Und Anmut und Streben und Sehnen: da lernt
Das Höchste zu leisten der Mensch. *Euripides*

Hierher, ihr olympischen Götter, zum
Reigen, und schickt auch die strahlende Anmut!
Kommt im heil'gen Athen zum Nabel der Stadt, zum
Oft umwandelten Stein, zu den duftenden Opfern,
Zum gepriesenen Markt,
wo die Kunst sich verschwendet!
Veilchenkränze empfangt und Gesänge,
wie wir im Frühling sie pflücken!
Seht auch auf mich,
der ich mit Zeus begann und geh' nun
Mit dem Prunk meines Liedes zu ihm, dem
Nächsten, zum epheuumwundenen Gott!

Pindar

Ich näherte mich Athen mit einer Art von Vergnügen, die mir das Vermögen raubte, nachdenken zu können. Es war nicht das, was ich bei dem Anblick von Lakedämon empfand. Sparta und Athen haben ihre so sehr voneinander unterschiedenen Charaktere auch in den Ruinen beibehalten. Jene von Sparta sind ernsthaft, traurig, öde. Diese von Athen sind lachend, leicht und durch Bewohner belebt. Beim Anblick des Vaterlandes des Lykurgus werden alle Gedanken ernsthaft, männlich, tiefsinnig; die erstarkende Seele scheint sich zu erheben, zu erweitern. In Solons Stadt wird man durch die Würde des Genius gleichsam bezaubert. Man erhält den Begriff vom Menschen, als verständiges und unsterbliches Wesen betrachtet. Die hohen Gefühle nehmen zu Athen etwas Gefälliges an, das sie zu Sparta nicht haben. Vaterlandsliebe und Freiheitsliebe war für die Athener kein blinder Trieb, sondern ein aufgeklärtes Gefühl, das sich auf den Geschmack an dem Schönen aller Art gründete, welches der Himmel dieser Stadt so reichlich mitgeteilt hat. Endlich, da ich von den Ruinen Lakedämons zu Athens Ruinen kam, fühlte ich, daß ich mit Leonidas hätte sterben und mit Perikles leben mögen. *F. R. de Chateaubriand*

Nah bei den purpurnen Hügeln
des blütenreichen Hymettus
Sprudelt ein heiliger Quell,
rieselnd durch schwellendes Grün.
Ringsum ein niedriger Hain;
auf dem Rasen der Erdbeerbaum schattet,
Lorbeer und Rosmarin duften mit Myrten im Chor;
Buchsbaum, dicht belaubt
und mit zartem Blatt Tamarisken
Wechseln mit Pinien schlank,
Goldregen mischt sich darein.
Leise angeweht von des Zephirs heilsamer Aura
Zittert das Laubwerk umher,
schaukelt das ragende Gras. *Ovid*

DIE ATTISCHE POLIS

Wir leben in einer Staatsform, die die Einrichtungen anderer nicht nachahmt; eher dienen wir selber manchem zum Vorbild, als daß wir andere uns zum Muster nähmen. Mit Namen wird sie, weil wir uns nicht auf eine Minderheit, sondern auf die Mehrheit im Volke stützen, Volksherrschaft genannt. Und es genießen auch alle für ihre eigenen Angelegenheiten vor den Gesetzen gleiches Recht; in der öffentlichen Bewertung jedoch fragt man allein nach dem Ansehen, das sich jemand auf irgendeinem Felde erworben hat, und nicht die Zugehörigkeit zu einem bestimmten Volksteil, sondern allein die persönliche Tüchtigkeit verleiht im öffentlichen Leben einen Vorzug; auch wird bei Armut keiner, der doch dem Volke Gutes zu leisten vermöchte, um der Unansehnlichkeit seines Standes willen ausgeschlossen. Ein freier Geist herrscht in unserem Staatsleben und wirkt auch im täglichen Leben und Treiben aller gegenseitigen Beargwöhnungen entgegen. So nehmen wir es unserem Mitmenschen auch nicht übel, wenn er sich einiges zu seinem Vergnügen leistet, und legen uns keine engherzigen Beschränkungen auf, die zwar kein Schade, aber doch ein unerquicklicher Anblick sind. Und wie wir im persönlichen Umgang unbeschwert miteinander verkehren, so meiden wir im öffentlichen Leben schon aus innerer Scheu Verstöße gegen Recht und Sitte, den Männern gehorsam, die jeweils an der Spitze stehen, wie auch den Gesetzen und unter ihnen zumal denjenigen, die zum Schutz der Verfolgten gegeben sind, sowie den ungeschriebenen, deren Bruch in aller Augen verächtlich macht. Auch für mancherlei Erholung des Geistes von allen Anstrengungen ist bei uns gesorgt, teils durch Pflege von Spielen und Festen während des ganzen Jahres, teils durch gefällige, jedem einzelnen offenstehende Anlagen, deren täglicher Genuß den Mißmut vertreibt. Zudem kommt bei der Größe unserer Stadt aus allen Teilen der Erde alles herein, und ebenso wie unsere heimischen Güter können wir die Erzeugnisse der ganzen Welt im eigenen Haus genießen.

Mit einem Wort also sage ich: unsere Stadt ist im ganzen die hohe Schule Griechenlands; im einzelnen aber will mir scheinen, daß jeder sich bei uns gleichzeitig auf den verschiedensten Gebieten in Anmut mit vollendeter Sicherheit als ganzer, auf sich selbst gestellter Mann erweisen mag. Daß dieses aber nicht nur ein gelegentliches Wortgepräge, sondern der Dinge wahres Abbild sei, dafür gibt die Macht der Stadt, die wir aus diesem Geiste uns errungen haben, selber den Beweis. Sie allein unter den heutigen Städten tritt mit einer Macht, die stärker als alles Erhörte ist, zur Probe an. Sie allein gibt keinem andringenden Feinde Grund zu murren, von was für Menschen er geschlagen wird, und keinem Unterworfenen Anlaß zur Beschwerde, daß Unwürdige über ihn gebieten. Mit großen Beweisen und wahrlich nicht unbezeugt haben wir unsere Macht den heutigen wie den kommenden Geschlechtern zur Bewunderung dargetan. Wir brauchen keinen Homer zum Lobredner oder wer sonst mit Versen dem Ergötzen des Tages dient und dessen Darstellung der Ereignisse dann doch die Wahrheit zuschanden macht. Allüberallhin haben wir Meer und Land gezwungen, unserem Wagemut Wege zu bereiten, und dabei allerorts die Male des Bösen wie Guten für alle Zeiten aufgerichtet.

Thukydides

Ich will nicht schänden die heiligen Waffen und nicht verlassen meinen Nebenmann im Kampf. Ich will eintreten für das Hohe und Heilige, allein und in der Mannschaft. Ich will mein Vaterland meinen Kindern nicht kleiner vererben, sondern größer und besser, als ich es übernommen habe. Stets will ich wohl auf die Obrigkeit hören und den jetzt bestehenden und den künftigen Gesetzen gehorchen, wie sie das Volk einhellig aufstellt. Und wenn es einer unternimmt, die Gesetze aufzuheben oder unbotmäßig zu sein, so will ich es nicht zulassen, sondern einschreiten, allein und mit allen zusammen. Ich will den Glauben der Väter ehren. Des seien die Götter Zeugen!

Eid der athenischen Epheben

DIE AKROPOLIS

Athen ist, wie Rom, eine Hügelstadt, oberhalb einer fruchtbaren Ebene zwischen felsigen Höhen gelagert. Man wählte zur Burg nicht den höchsten der Felshügel, sondern denjenigen, welcher oben die größte Fläche, rings umher die steilsten Wände darbot. Nach Norden, Süden und Osten senkt sich der Burgfelsen mit unzugänglichen Abhängen in das Tal, nur gegen Westen dacht er sich allmählich ab, nur hier liegt über seinem Fuße eine breite Erdlage, auf welcher der Weg zur Hochfläche hinaufführt. Dies Plateau des Felsens, der sich kaum 400 Fuß über der Stadt erhebt, war aber von Natur nicht so glatt und eben, wie es ... [jetzt] erscheint; sondern die ganze Tätigkeit der Ansiedler mußte damit beginnen, dem rauhen Felsrücken Flächen abzugewinnen zur Gründung ihrer Niederlassung ...

Auf dem geebneten Burgfelsen nun bauten die ältesten Athener ihre Heiligtümer, welche hier, wie durchweg in Griechenland, den Mittelpunkt der Niederlassung bildeten. *Ernst Curtius*

Ich notierte zwei Stunden auf der Akropolis unter den Fragmenten der Propyläen und wanderte die letzte Stunde, um den herrlichen Abend und die großartige Melancholie des einzigen Raumes zu genießen, auf der Akropolis umher, durch die Marmortrümmer herum, an die Endpunkte, zuletzt im Parthenon umher und auf und nieder. Hymettus und Pentelikon zeigten sich im rosigen Licht; das Grün, das weit und breit zwischen unbesamten Äckern in der Ebene ausgestreut ist, am frischesten auf der Akropolis selbst, könnte nicht schöner sein. Der Abendhimmel war noch röter als gestern, obwohl die anderen Farben, minder reich und zart, mehr Duft verbreiteten. Am schönsten im schon nachtenden Blau die Säulen und die Durchschnitte des Tempels.

Die Raben wiegten etwas früher sich lustig über der Burg und ein Käuzchen, das sich eine Zeitlang gegen sie setzte, mußte heute der Menge weichen ... Tief in der Nacht kehrte ich wieder, ganz ernst durch den hohen Charakter zunehmender Befriedigung durch die Natur des Landes und die Größe seines erhabensten Denkmals. *F. G. Welcker*

Mit dem Wagen von Piräus nach Athen. Diese heitere, helle, staubgetönte Landschaft, die man sich so gut mit schönen, schöngewandeten Menschen denken kann. –

Furchtbar erkältet, Schmerzen in der Lunge, dazu das andere. Physisch und psychisch also im denkbar ungenußfähigsten Zustande. Und ich kann doch nicht niedergedrückt sein.

Akropolis! Gerade in diesem körperlich zerschlagenen Zustand, wo man seinen Körper kaum mehr fühlt, war es schön, weil man da ganz sein eigenes Dasein vergißt und nur sieht. *Franziska zu Reventlow*

Als so die Bauten emporwuchsen in ihrer stolzen Größe, unnachahmlich in dem Reiz ihrer Formen, als die Handwerker wetteiferten, das Handwerk zur Kunst emporzuheben, da war doch das Wunderbarste die Schnelligkeit. Denn keins dieser Werke, glaubte man, würde je durch die Arbeit vieler Geschlechter nacheinander fertig werden: aber sie alle wurden in der glänzenden Zeit dieser einen Regierung vollendet ...

Um so größere Bewunderung verdienen deshalb die Bauten des Perikles: in kurzer Zeit geschaffen für ewige Zeit. Denn in seiner Schönheit trug schon damals gleich jeder Bau in seinem Glanze den Adel des Alters, trägt er noch heute den Adel der Frische wie am ersten Tag. So

1. Die Athener Akropolis von Südwesten: Links auf dem Berg die Propyläen und das Erechtheion, rechts der Parthenon. Zu Füßen der Akropolis das heute als Freilichtbühne genutzte Odeion des Herodes Atticus (2. Jahrhundert n. Chr.) und die hellenistische Eumenes-Stoa. Im Hintergrund rechts die Bergkette des Pentelikon.

2. Carl Rottmann: Athen, vom Brunnen aus. Aquarell und Bleistift. 1835/36. München, Staatliche Graphische Sammlung.

„Um in einem Bilde die bedeutendste Physiognomie von Athen uns zu geben, wählte Rottmann den Standpunkt, der uns diese Stadt in ihrer Verbindung zu dem Meere und in ihrer größten Ausdehnung zugleich zur Ansicht gibt."

3. Carl Rottmann: Marathon. Enkaustik auf Steinguß. 1848. München, Neue Pinakothek.

„Die drohende Gewitternacht über sich, das Schreckbild des rothen Tuches unter seinen Füßen, sprengt ein Roß, des Reiters, der es zügeln wollte, ledig, in der durch die schrekkende Natur entfesselten Kraft frei über die weite Landschaft dahin."

4. Carl Rottmann: Salamis. Enkaustik auf Steinguß. Nach 1840. München, Bayerische Staatsgemäldesammlungen, Staatliche Antikensammlungen.
„Dem Beschauer öffnet sich von dieser Insel aus der Blick in die große Bucht, wo die

berühmte Seeschlacht zwischen den Persern und den Griechen im Jahr 480 vor Christi Geburt vorfiel, in welcher durch die weise Führung des Themistokles die vereinigte Flotte der Griechen den glänzendsten Sieg errang.“

5. Kap Sunion von Süden: Blick auf den dorischen Poseidon-Tempel auf der Spitze des 60 m hohen Kaps. Das von Homer als das „heilige Vorgebirge Athens“ beschriebene Sunion trug schon früh ein Heiligtum des Poseidon. Die heute noch aufrecht stehenden Säulen seines Tempels stammen aus der zweiten Hälfte des 5. Jahrhunderts v. Chr.

blüht seine Jugend ewig; unberührt von der Zeit, wahrt sie die Schönheit, als trügen die Werke den ewigen Hauch einer nie alternden Seele in sich. *Plutarch*

DIE PROPYLÄEN

Zur Akropolis gibt es nur einen Eingang; einen zweiten hat sie nicht, da sie ganz abschüssig ist und eine feste Mauer besitzt. Die Propyläen haben das Dach aus Marmor und ragten hinsichtlich Ausstattung und Größe der Blöcke bis heute hervor ... Rechts von den Propyläen befindet sich der Tempel der Nike Apteros. Von hier ist das Meer sichtbar, und hier stürzte sich, wie man sagt, Aigeus herab und starb. Denn das Schiff, das die Knaben nach Kreta brachte, fuhr mit schwarzen Segeln ab; Theseus, der kühn zum sogenannten Minotauros fuhr, hatte seinem Vater gesagt, er würde die weißen Segel setzen, wenn er als Sieger über den Stier zurückkomme. Das hatte er aber vergessen, als ihm Ariadne entführt war, und wie nun Aigeus das Schiff mit schwarzen Segeln zurückkommen sah, stürzte er sich hier im Glauben, sein Sohn sei tot, herab und kam um. *Pausanias*

Die Propyläen, als das große und kunstreiche Eingangstor der Akropolis, gleichen einer großen musikalischen Ouvertüre. Sie sind ein durchaus eigenes und selbständiges Kunstwerk, in sich abgeschlossen und durch sich selbst bedeutungsvoll und verständlich, und doch haben sie zugleich die Bestimmung, auf ein anderes, höheres und umfassenderes Kunstwerk vorzubereiten, und lassen daher dessen bedeutsamste Formen und Motive bereits ahnungsvoll durchklingen. Wenn die Redner in der Volksversammlung die Größe und Herrlichkeit Athens recht nachdrucksvoll preisen wollten, um durch die Begeisterung für das Vaterland den Haß gegen die drohende Fremdherrschaft Philipps des Mazedoniers zu entflammen, da liebten sie es, von der Rednerbühne aus emphatisch hinüber nach den gegenüberliegenden Propyläen zu deuten, wohl wissend, daß in diesen gleichsam der Inbegriff und die Zusammenfassung alles Höchsten sei, was die athenische Kunst und Bildung hervorgebracht. Und noch ist ein Ausspruch des Epaminondas bewahrt, der, als er einst in der Volksversammlung zu Theben aussprechen wollte, die Macht, die früher Athen gehabt habe, müsse jetzt an Theben übergehen, dies nicht wirksamer auszudrükken zu können glaubte, als indem er ausrief: „Ihr Männer von Theben, Ihr müßt die Propyläen der athenischen Burg ausheben und sie am Eingange unserer eigenen Burg, der Kadmea, aufstellen." …

Hermann Hettner

DER PARTHENON

Ich verlebe köstliche Stunden, im Schatten der Propyläen gelagert, die Augen auf den eingestürzten Giebel des Parthenon gerichtet; ich fühle das ganze Altertum im göttlichsten seiner Werke; – das Übrige lohnt nicht der Mühe, es zu beschreiben! Der Anblick des Parthenon enthüllt uns, mehr als die Geschichte, die kolossale Größe eines Volkes. Perikles soll nicht sterben! Welche übermenschliche Zivilisation muß es gewesen sein, in der ein so großer Mann sich finden konnte, um ein solches Gebäude zu veranlassen, ein Baumeister, um es zu entwerfen, ein Bildhauer, es zu schmücken, Arbeiter, die Gedanken des letzteren auszuführen, ein Volk, es zu bezahlen, und Augen, es zu verstehen und zu bewundern! Wo wird man eine solche Epoche, ein solches Volk wieder finden? Nichts läßt uns darauf hoffen. Je älter der Mensch wird, desto mehr verliert er Kraft, Glut und den uneigennützigen Sinn, der für die Kunst so notwendig ist! Die Propyläen, – der Tempel des Erechtheus oder der der Karyatiden, stehen dem Parthenon zur Seite. – Immerhin Meisterwerke der Kunst, die aber neben jenem Meisterwerk verschwinden; die Seele, die vom Anblick des ersten dieser Gebäude noch zu stark getroffen ist, hat keine Kraft, die übrigen zu bewundern; man muß eben sehen und davongehen! –

Alphonse de Lamartine

Der Hauch des Genius, der über dem Parthenon liegt, ist ureigen und unerreichbar ...

Überall dieselbe schwungvolle Kraftäußerung und derselbe ruhige Adel! Die Säulen verjüngen sich nur mäßig und ganz allmählich, das Kapitell, in dem sich der Zusammenstoß der tragenden und lastenden Glieder am deutlichsten ausspricht, ist in seiner Ausbauchung leicht und straff gezogen, das Balkenwerk ist nicht massiv, sondern fein und leicht gegliedert, und die einzelnen Baustücke sind so fest miteinander verbunden und gehen so durchaus naturwüchsig ineinander über, daß hier in der Tat die höchste Aufgabe der Kunst gelöst ist; die Kunst hat sich selbst überwunden und ist wiederum Natur geworden, ideale Natur.

Hermann Hettner

Wie der Parthenon jetzt ist, so heißt seine Formel: Kraft und Ernst! Davon ist die Kraft fast bis zur Drohung, der Ernst fast bis zur Härte gesteigert. Die Sprache der Formen ist so bestimmt, daß ich nicht einmal glauben kann, es sei durch die frühere bunte Bemalung ihrem Ausdruck etwas genommen worden.

Ich habe das schwächliche Griechisieren, die blutlose Liebe zu einem blutlosen Griechentum niemals leiden mögen. Deshalb schreckt es mich auch nicht ab, mir die dorischen Tempel bunt und in einer für manche Begriffe barbarischen Weise bemalt zu denken. Ja, mit einer gewissen Schadenfreude gönne ich das den Zärtlingen. Ich nehme an, es gab dem architektonischen Eindruck eine wilde Beimischung. Möglicherweise drückte das Grelle des farbigen Überzugs den naiven Stand der Beziehungen zwischen Göttern und Menschen aus, indem er fast marktschreierisch zu festlichen Freuden und damit zu tiefer Verehrung einfing. Jeder echte Tempel ist volkstümlich ... weit entfernt, ein Memento mori zu sein, lockte der Tempel ins höhere, festliche Leben, er lockte dazu wie ein buntes, göttliches Gauklerzelt. *Gerhart Hauptmann*

Am Parthenon, dem großen Haupttempel der Göttin in der Nähe des Erechtheions, ist unter Leitung und Angabe des Phidias der berühmte Fries entstanden, über 500 Fuß lang, welcher die Mauer innerhalb der Säulenhalle krönte und sich jetzt größtenteils im Britischen Museum befindet. Man hat ihn für eine unmittelbare Darstellung des Panathenäenzuges oder auch nur der Vorprobe desselben erklärt, allein der Künstler hat sein Thema sehr viel freier aufgefaßt. Aus der Auswahl traf er eine zweite viel höhere Auswahl, meist wenige aus vielen. Zunächst hat er sein athenisches Volk, welches wahrscheinlich in reichem Putz auftrat, in die einfachste Idealität zurückversetzt und statt der Athener des 5. Jahrhunderts die reinste hellenische Gestaltenwelt walten lassen. Losgesprochen von aller zeremonialen Knechtschaft, bewegt sich hier die edelste Gesamterscheinung, welche je einer großen Menge von Menschen und Tieren zu Teil geworden, frei und ungezwungen dem Heiligtum zu.

Die einzigen, welche mitgehen müssen, sind die paar Gestalten von Schutzbürgern (Metöken) und ihren Frauen; gebückt tragen sie den übrigen die σκάφη, das Opfergefäß, und die ὑδρεῖα, das Wassergefäß, nach. Sodann hat Phidias sich nicht gescheut, am Anfang des

Reiterzuges die Vorbereitungen dazu darzustellen, welche ihm die lebendigsten Motive boten: ungeduldige Rosse werden bereit gehalten, die Gürtung des Gewandes vervollständigt, und anderes mehr. Er läßt seine Reiter und Wagenfahrer auf das lebendigste sprengen, wie sie es im wirklichen Zuge gewiß nicht durften; Siegesgöttinnen führen die Zügel oder bekränzen den Fahrenden, welcher hiemit als einer der Kampfsieger der vorhergehenden Tage bezeichnet wird. Endlich hat Phidias auf geniale Weise seinen Zug von Anfang, von der Westseite des Tempels her, in zweie geteilt, welche an den beiden Langseiten des Tempels sich vorwärts bewegen, um an der Ostseite von links und rechts her auf die in der Mitte sitzenden Götter zu treffen. In der Nähe dieser Gestalten beginnen beide Züge stille zu stehen; heilige Akte werden vollzogen, heilige Belehrung erteilt, der Peplos übergeben. Das nachherige große Festopfer und die gemeinsame reichliche Bewirtung des Volkes fanden natürlich keine Stelle mehr in dieser Darstellung, aber herrliche Rinder dieser Hekatombe gehen, zum Teil kaum gebändigt, schon im Zuge mit.

Jakob Burckhardt

DIE GÖTTER

Allen sichtbar, ragt auf der einen Seite der Parthenon herüber, mit seinen heiteren einladenden Säulenhallen; auf der anderen aber das riesige Erzbild der Athene, das Phidias aus der Beute von Marathon gebildet hatte. Den Schild in der Linken zur Abwehr gehoben, und mit der Rechten den Speer kühn zum Kampfe zuckend, schreckte sie als Pylämachos, d. h. als die kriegerische Schutzgöttin des Tores, jeden annahenden Feind ab. Wird es uns doch als sichere Tatsache berichtet, daß, als am Ende des vierten Jahrhunderts Alarich, der Gotenkönig, in die Burg eindringen wollte, er von dem Eindrucke dieses Bildes so mächtig ergriffen ward, daß er entsetzt davon floh und von aller Plünderung abstand. *Hermann Hettner*

Komm, blaugeaugte Himmelstochter, nieder!
– Doch niemals ach! beseelst du Menschensang! –
Du Weisheitsgöttin, deines Tempels Glieder,
Sie standen hier und stehn am hohen Hang,
Trotz Krieg und Feuer und der Zeiten Zwang.
Doch schlimmer wirkt als Stahl und Brunst und Jahre,
Der Schreckensszepter und der Henker Drang,
Die nie entbrannt für's Schöne, Hohe, Wahre,
Wie edle Herzen tun an deinem Hochaltare.

Wo sind, du graue, würdige Athene,
Die großen Männer, starken Seelen dein?
Dahin! Dahin! – Ein Schatten ferner Szene!
Die Ersten in der Bahn zum Ruhmesschrein,
Erreichten sie das Ziel und – gingen ein! –
Nur noch das Wunder einer Schülerstunde –
Nicht mehr? – Des Kriegers Schwert, des Weisen Stein
Sucht man umsonst und überm Trümmergrunde
Macht nur der Schatten noch des Einst die nächt'ge Runde. *Byron*

Tritt man in den Tempel ein, den sie Parthenon nennen, so bezieht sich die ganze Darstellung im Giebel auf die Geburt der Athena, der rückwärtige Giebel aber enthält den Streit des Poseidon mit Athena um den Besitz des Landes. Das Kultbild selbst ist aus Gold und Elfenbein gemacht. Mitten auf dem Helm sitzt die Figur einer Sphinx, ... beiderseits an dem Helm aber sind Greifen angebracht. Das Kultbild der Athena ist aufrechtstehend mit einem Chiton bis zu den Füßen, und an ihrer Brust ist das Medusenhaupt aus Elfenbein angebracht. Und eine Siegesgöttin gegen vier Ellen hoch hat sie in der Hand und eine Lanze, und zu ihren Füßen steht der Schild, und neben der Lanze befindet sich eine Schlange, und diese Schlange mag wohl Erichthonios darstellen. An der Basis des Kultbildes ist die Geburt der Pandora dargestellt. *Pausanias*

DIE PANATHENÄEN

Es war aus den einfachen Opfern und Lobgesängen, mit welchen die alten Erechthiden Jahr für Jahr ihre Burggöttin gefeiert hatten, im Laufe der Zeit ein herrliches Volksfest geworden, welches in jedem vierten Jahre mit besonderer Pracht gefeiert wurde, das Fest der Panathenäen. Nach den mannigfachen Wettkämpfen und Spielen folgte am vierten Festtage die schönste Feier, die große Prozession. Zu dem Tage ward von den Bürgertöchtern Athens ein großes Gewand für das alte Bild der Athene gewebt ... Am Morgen des feierlichen Tages sammelte sich vor dem Tore das Volk aus der Stadt und den umliegenden Gauen; die waffenfähige Mannschaft erschien mit Speer und Schild, alle mit Festkleidern und mit Kränzen; die Reiter ordneten sich unter ihren Führern, besonders Geehrte übernahmen die Geschenke für die Göttin; das Wunderbarste aber war ein großes Schiff, welches nahe dem Tore aufbewahrt wurde; dies wurde nun hervorgezogen, feierlich aufgeziert, auf Rollen gesetzt und mit bauschendem Segel hochragend aus dem Gedränge der festlichen Menge triumphierend dahergezogen. Durch das glänzendste Tor von Athen betrat nun, von Musikchören begleitet, der geordnete Festzug den Boden der Stadt, bewegte sich dann durch die schönsten und reichsten Straßen an den berühmtesten Heiligtümern, bei denen geopfert und gesungen wurde, vorüber auf weitem Umwege rund um den Felsen der Akropolis herum, bis er am westlichen Fuße angelangt, durch die Hallen der Propyläen seinen feierlichen Einzug in die Burg hielt. Oberhalb der Propyläen teilte sich der Zug, der eine Teil ging rechts, der andre links, bis sich die Vordersten vor der Ostseite des Parthenons begegneten. Dann wurde Halt gemacht, die Waffen abgelegt, die Weihgeschenke von Einzelnen im Tempel dargebracht, und während auf dem Altare vor dem Tempel das große Brandopfer sich entzündete, stimmten die versammelten Scharen die heiligen Festgesänge an zu Ehren der Göttin, zum Heile der Stadt. Das war der schönste Tag im Leben des Atheners, mit Ungeduld erwartet, mit Jubel begrüßt. Den Tag meinte die attische Mutter, wenn sie ihren Knaben herzte und ihm sagte: „Wenn du erst groß bist und hinauf zur Götterburg den Wagen lenkest!" (Aristophanes) *Ernst Curtius*

DAS ERECHTHEION

Sollte man doch meinen, der Parthenon müsse mit seiner stolzen Pracht und Herrlichkeit alles verdunkeln, was sich in seine Nähe wagt. Und doch steht hier, kaum hundertundfünfzig Schritte von ihm entfernt, als sein nördliches Gegenüber das Erechtheion; zwar kleiner und für den ersten Anblick nicht so überwältigend, aber darum doch nicht minder bewunderungswürdig und kunstreich. Das Erechtheion ist ein Tempel ionischen Stils. Liegt die eigenste Schönheit des Parthenon in seiner gebieterischen Hoheit und in dem ruhig heiteren Glücksbewußtsein der ihm innewohnenden Würde; so geht das Erechtheion dagegen, wie dies durch die weichere Zartheit der ionischen Formen ganz von selber bedingt ist, durchaus auf lockende Anmut und heitere Zierlichkeit. Und sicher ist es der anmutigste, am liebsten möchte ich sagen, der herzgewinnendste Bau, den jemals die Phantasie eines Künstlers ersonnen.

Selbst jetzt noch in seiner trümmerhaften Verstümmelung ist er von wahrhaft bezaubernder Schönheit. Immer und immer wieder ruht das Auge mit unersättlicher Lust auf diesen straffen schlanken Säulen mit ihrer elastisch bewegten Basis und den anmutig profilierten Kapitellen, auf diesen leichten und lebensvoll gegliederten Balken des Frieses und der Gesimse, auf den feingefugten Quadern der Wände und Decken, und auf den großen und prachtvollen und doch so unendlich zierlichen Toren mit ihrer lieblich reizenden Arabeskenverzierung. In der Tat, für den, der diesen Tempel jemals mit formenempfänglichen Augen gesehen hat, ist es nicht bloß eine althergebrachte Überlieferung, sondern innerstes Seelenerlebnis, daß er ihn ebenso als die höchste Blüte der ionischen Baukunst betrachtet, wie den Parthenon als die höchste Blüte der dorischen... Stehe ich vor dem Parthenon und blicke hinauf an seinen großen und heiteren Formen, da ist es mir, als läse ich einen göttlichen Heldengesang aus der Ilias. Hier aber vor dem Erechtheion überkömmt mich das frohe Glücksgefühl eines anmutigen Idyllion. Unwillkürlich muß ich daran denken, daß dicht daneben der lustige Spielplatz lag, auf dem sich die jungen Mädchen, die dem Dienst der Göttin geweiht waren, scherzend mit heiterem Ballspiel vergnügten. Die Nausikaa der Odyssee steht vor meiner Seele. *Hermann Hettner*

Schon bei den Propyläen haben wir gesehen, wie der Örtlichkeit wegen die beiden Flügel sehr bedeutend voneinander abweichen und doch ein prachtvolles Ganzes hervorgebracht ist; in höherem Grade noch weicht das Erechtheion von symmetrischer Regelmäßigkeit ab, und doch: welch harmonischer Gesamteindruck! Dazu kommt nun die vollendete Ausführung im einzelnen. Ich will nicht von der Genauigkeit sprechen, mit der die Marmorquadern geglättet und zusammengefügt sind, als wären sie zusammengewachsen; wir finden das an allen Werken jener Zeit; aber welche Schönheit der Zeichnung und welche unübertreffliche Technik zeigen uns die unter dem Dache rings um das ganze Gebäude laufenden architektonischen Glieder mit ihren Blumenverzierungen und Kymatien; ... wie einzig sind die Kassetten der Marmordecken! Und nun die Pracht der ionischen Säulen: schlank und zierlich erheben sie sich auf ihrer schönen Basis, und prächtig breitet sich über dem Schafte zur Aufnahme des Gebälks das Kapitäl in seiner dreifachen Schneckenlinie aus, so frei und edel geformt, und dabei doch so lieblich; und damit noch nicht zufrieden, hat der Baumeister ihnen unter dem Kapitäl noch den Schmuck eines Blumengewindes gegeben, das ohne Überladung sie doch noch reicher emporhebt. Endlich die Mädchen in der sogenannten Karyatidenhalle: in reich gefaltetem Gewande, das üppige Haupthaar über der Stirne zusammengefaßt und in dichten Flechten über den Nacken und die Schultern herabfallend, ernsten und doch heitern Ausdrucks, wie die attischen Jungfrauen am Feste der Athene, so stehen sie da, als hüteten sie noch heute das Haus ihrer Schutzgöttin, der Polias. So ist der Gesamteindruck des Gebäudes auch in seinem jetzigen Zustande noch heute ein ebenso erhebender als lieblicher, den auch der nahe großartige Prachtbau des Parthenons nicht schwächt, sondern nur durch den Kontrast in seiner ganzen Eigentümlichkeit wirken läßt. *Wilhelm Vischer*

An mittelalterlichen Domen sind an die große Architektur der Hauptschiffe oft zierliche Kapellen angebaut, in denen zu Ehren eines wundertätigen Bildes oder heiliger Reliquien wie an einem Reliquienschrein der kostbarste und reichste Schmuck entfaltet wird. Aus der gleichen frommen Gesinnung ist die einzigartige Gestalt, die Wahl des ionischen Stils und die Entfaltung köstlicher Ornamentik am Erechtheion zu erklären. Ein von einer Säulenhalle umgebener griechischer Tempel erlaubte nicht den Anbau einer Kapelle. Dazu kam, daß das alte Kultbild in nächster Nähe der heiligen Kultmale bleiben mußte. Vermutlich hat schon Perikles an einen Neubau an dieser Stelle gedacht. Aber der Entwurf des Planes und der Beginn der Ausführung fällt erst in die Atempause des Peloponnesischen Krieges nach dem Frieden, der im Jahre 421 zehnjährige Kämpfe abschloß; vollendet wurde der Bau erst nach einer langen Unterbrechung in den Jahren 409–407. Dieser Bau hatte nichts mit politischer Repräsentation zu tun, sondern entsprang allein der Verehrung der ehrwürdigsten Denkmäler der attischen Religion. Der Baumeister war ganz anderer Art als Mnesikles, der die Propyläen entwarf. Wollte es jener wagen, um einer großen künstlerischen Idee willen, Stätten, an denen religiöse Tradition hing, zu vernichten, so suchte der unbekannte Architekt des Erechtheions vorsichtig und liebevoll eine neue Stätte für das alte Kultbild mit einer Umbauung der heiligen Male zu vereinigen. Die Aufgabe wurde noch durch die verschiedene Höhe des Terrains erschwert. So entstand ein in der Antike einzig dastehender Bau, dem die Geschlossenheit eines normalen Tempels fehlt, dessen einzelne Teile jedoch von vollendeter Schönheit sind. *Gerhart Rodenwaldt*

Standbilder waren da, weiblich, in langen Gewändern. Sie standen um mich im Halbkreis, unwillkürlich zog ich den Vorhang vor die Tür und war [im Akropolis-Museum] allein mit ihnen.

In diesem Augenblick geschah mir etwas: ein namenloses Erschrecken: es kam nicht von außen, sondern irgendwoher aus unmeßbaren Fernen eines inneren Abgrundes: es war wie ein Blitz: den Raum, wie er war, viereckig mit den getünchten Wänden und den Statuen, die dastanden, erfüllte im Augenblick ein völlig anderes Licht, als wirklich da war: die Augen der Statuen [der Koren] waren plötzlich auf mich gerichtet, und in ihren Gesichtern vollzog sich ein völlig unsägliches Lächeln. Zugleich wußte ich: ich sehe dies nicht zum ersten Mal, in irgendwelcher Welt bin ich vor diesen gestanden, habe ich mit diesen irgendwelche Gemeinschaft gepflogen und seitdem habe alles in mir auf einen solchen Schrecken gewartet, und so furchtbar mußte ich mich in mir berühren, um wieder zu werden, der ich war...

Statuen sind um mich, fünf, jetzt erst wird mir ihre Zahl bewußt, fremd stehen sie vor mir, schwer und steinern, mit schiefgestellten Augen. Groß sind ihre Gestalten; aufgebaut – tierhaft, göttlich – aus überstarken Formen; ihre Gesichter sind fremd; geschürzte Lippen, erhabene Augenbogen, mächtige Wangen, ein Kinn, um das das Leben fließt; sind es noch menschliche Mienen? Nichts an ihnen spielt auf die Welt an, in der ich atme und mich bewege. Stehe ich nicht vor dem Fremdesten vom Fremden? Blickt nicht hier aus fünf jungfräulichen Mienen das ewige Grausen des Chaos?

Aber, mein Gott, wie wirklich sind sie. Sie haben eine atemberaubende sinnliche Gegenwart. Aufgebaut wie ein Tempel hebt sich ihr Leib auf den herrlichen starken Füßen. Ihre Feierlichkeit hat nichts von Masken: das Gesicht empfängt seinen Sinn durch den Körper. Es sind mannbare Frauen, Bräute, Priesterinnen. In ihren Mienen ist die Strenge der Erwartung, die erlesene Kraft und Hoheit ihrer Rasse, ein Wissen um den eigenen Rang. Sie nehmen an Dingen teil, die über jede gemeine Ahnung sind.

Wie schön sind sie! Ihre Körper sind mir überzeugender als mein eigener. Es ist eine Spannung in dieser Materie, so stark, daß sie auch mich spannt. Ich habe nie zuvor etwas gesehen, wie diese Maße und diese Oberfläche. War nicht für ein Wimperzucken das Universum mir offen?

Hugo von Hofmannsthal

Und dann tritt man, traten wir, vor die Koren vom Erechtheion, die im Museum auf der Akropolis vor der totalen Zerstörung sichergestellt sind. Sie stehen da in einem Halbrund, blicken auf uns Betrachter herab und weinen. Der Stein weint, halten Sie das nicht für eine Metapher. Über die Gesichter der steinernen Mädchen sind Tränen geströmt, die sie zerfressen haben. Etwas, stärker als Kummer, hat sich in diese schönen Wangen eingegraben: saurer Regen, vergiftete Luft. Mögen diese Gesichter ehemals blick- und ausdruckslos gewesen sein – unser Jahrhundert hat ihnen seinen Ausdruck aufgenötigt, den der Trauer, der, als bekäme ich von innen her einen Stoß, in mir ein Echo findet. Alles, was durch Trauer mitbewegt wird, beginnt sich zu rühren, Zorn, Angst, Grauen, Schuld, Scham. Ich bin angekommen. Ich verstehe diesen Stein- und Knochenberg. Ich verstehe die überfüllte, hastige, mordlüsterne, Rauch und Abgase ausstoßende, dem Geld nachstürzende Stadt, die in Jahren einholen will, was einige ihrer westlichen Schwestern mehr als ein Jahrhundert gekostet hat. Ich verstehe: Ihr, der heutigen Stadt Bedürfnis und das Bedürfnis der steinernen Mädchen, die in gelassen-stolzer Haltung mehr als zweitausend Jahre lang den Baldachin über dem Grab des Schlangenkönigs und Athengründers Kekrops trugen, waren nicht miteinander zu vereinbaren. Koren, die Mädchen, einst die Fruchtbarkeitsgöttin Persephone mit ihrer Tochter, später zu Balkenträgerinnen herabgekommen, jetzt unfruchtbar ins Aus gestellt. Soll ich mich dagegen wehren, daß sie mir nicht nur, solange ich in Griechenland bin, immer wieder als Sinnbilder vor meinem inneren Auge erscheinen? Soll ich versuchen, den „Sinn“ zu benennen, für den sie stehn, der aber ein Unsinn ist? Die Barbarei der Neuzeit. Die Frage, die mich aufstört: Gab es, gibt es eine Alternative zu dieser Barbarei?

Das Thema jetzt schon anschlagen?

ATHEN

Die Stadt, die sich selber frißt. Ein Zwang ist über mich gekommen. Sind die blicklosen Augen jener Koren mir geöffnet worden? Mit diesen uralten brennenden Augen trieb ich nun durch die Stadt und sah die heutigen Menschen, meine Zeitgenossen, als Nachfahren. Jene junge Frau, die an der Tür des Ladens lehnt, in dem sie türkischen Honig und orientalische Gewürze verkauft, eine Nachfahrin jener Achaierinnen, die zehn Jahre ihres Lebens verwartet hatten, als die Helden aus Troia zurückkamen, und die, schwacher Trost, für die Koren Modell gestanden haben mögen. *Christa Wolf*

DAS THEATER DES DIONYSOS

Eine Stadt wie das moderne Athen, das sich mit viel Geräusch zwischen Akropolis und Lykabettos einschiebt, muß erst in einem gewissen Sinne überwunden werden, bevor der Geist sich der ersehnten Vergangenheit ungestört hingeben kann. Zum drittenmal bin ich nun im Theater des Dionysos, dessen sonniger Reiz mich immer aufs neue anlockt. Es hält schwer, sich an dieser Stelle in die furchbare Welt der Tragödie zu versetzen, hier, wo sie ihre höchste Vollendung gefunden hat. Das, was ihr vor allem zu eignen scheint, das Nachtgeborene, ist von den Sitzen, aus der Orchestra und von der Bühne durch das offene Licht der Sonne verdrängt. Weißer und blendender Dunst bedeckt den Himmel, der Wind weht schwül, und der Lärm einer großen Stadt mit Dampfpfeifen, Wagengerassel, Handwerksgeräuschen und dem Geschrei der Ausrufer überschwemmt und erstickt, von allen Seiten herandringend, jedweden Versuch zur Feierlichkeit.

Was aber auch hier sogleich in meiner Seele sich regt und festnistet, fast jeder anderen Empfindung zuvorkommend, ist die Liebe. Sie gründet sich auf den schlichten und phrasenlosen Ausdruck, den hier die

Kunst eines Volkes gewonnen hat. Alles berührt hier gesund und natürlich, und nichts in dieser Anlage erweckt den Eindruck zweckwidriger Üppigkeit oder Prahlerei. Irgendwie gewinnt man, lediglich aus diesen architektonischen Resten, die Empfindung von etwas Hellem, Klar-Geistigem, das mit der Göttin im Einklang steht, deren kolossalisches Standbild auf dem hinter mir liegenden Felsen der Akropolis errichtet war und deren heilig gesprochenen Vogel, die Eule, man aus den Löchern der Felswand, und zwar in den lichten Tag und bis in die Sitzreihen des Theaters hinein, rufen hört. *Gerhart Hauptmann*

Mit zarter Wölbung und strahlig gerieft wie die schönste Muschel des Meeres liegt das Dionysostheater mit seinen Stufenreihen und Keilschnitten dem flachen Abhang eingebettet, mitten im heiligen Bezirk des Gottes, dem es angehört. Meer und Berge bilden den Hintergrund...

Wer mir sagt, daß hier nur Trümmer und Erinnerung zu finden sind, den lache ich aus. Es gibt Dinge, die vielleicht nur deshalb dem Auge entschwinden, damit sie noch besser und von mehreren genossen werden können, aber sie sind und bleiben in der Welt. Die Zeit hat ihnen bloß die Ecken und Kanten der Tatsächlichkeit genommen. Noch immer gehen hier der „Agamemnon“ und der „Philoktetes“ über die Bühne; man muß nur die innere Stille haben, um sie zu sehen. Zu des Perikles Zeiten hätte mein Geschlecht mir verwehrt, dabei zu sein. Wer hindert mich heute, stundenlang hier zu sitzen im milden Sonnenschein, von Kamillen umduftet, und mir aufführen zu lassen, wonach nur meine Seele begehrt? Am liebsten möchte ich wohl die „Perser“ sehen, wäre nicht der Blick auf Salamis verbaut. So will ich mir denn ein heiteres Fest bereiten und sage eine Vorstellung der „Frösche“ an. Da hüpft schon der quakenden Chor in die Orchestra, und der muffige Charon rudert seinen Nachen ins Totenreich. Wie anders wirkt es an dieser Stelle, mitten unterm athenischen Publikum, wenn der feige Dionysos sich in die Löwenhaut des Herakles hüllt und dann in der Angst seinen eigenen Priester aus dem Zuschauerraum zu Hilfe ruft, der ganz vorn auf dem prächtigen reliefgeschmückten Marmorsessel sitzt; ich sitze ja selber auch darauf, ohne daß wir uns gegenseitig stören. Ich kann aber auch die Frösche wieder entlassen und mir die ewig jungen „Vögel“ herbeirufen, um für eine Weile in Wolkenkuckucksheim mich aller Erdensorge zu entladen.

Isolde Kurz

Einen besonderen Schmuck des Theaters bildeten und bilden noch heute die schönen Marmorthrone der untersten Reihe, die Sitzplätze für diejenigen Personen, welchen das Recht der Proedrie verliehen war... Im ganzen waren 67 Throne vorhanden, nämlich in den beiden äußeren Keilen je 6, in allen übrigen je 5. Sie sind aus pentelischem Marmor in der Weise hergestellt, daß meist zwei oder drei Sessel aus einem einzigen großen Block bestehen. Ihre technische und künstlerische Ausführung ist eine vorzügliche. Stattlicher und reicher als die übrigen ist der in der Mitte der Reihe und damit auch in der Mitte des ganzen Theaters aufgestellte Thronsessel des Priesters des Dionysos Eleuthereus ... Er war noch dadurch vor den anderen bevorzugt, daß er mit einem Baldachin überdeckt war; Löcher im Fußboden, zur Aufnahme seiner Tragestangen bestimmt, sind noch neben dem Thron erhalten...

Es ist lang darüber gestritten worden, in welcher Epoche die Sessel aufgestellt seien... Ich bin überzeugt, daß sie im 4. Jahrhundert angefertigt sind. Denn erstens sind sie von den übrigen, aus Poros bestehenden Sitzreihen, die sicher dieser Epoche angehören, nicht zu trennen. Die unterste Porosschicht, welche jetzt den Umgang hinter den Thronen bildet, hat eine andere Profilierung als die übrigen Porosstufen und kann demnach ursprünglich keinesfalls eine gewöhnliche Sitzstufe gewesen sein. Sie ist also schon für eine Reihe bevorzugter Sessel berechnet. Zweitens ist aber auch die Arbeit der Throne in technischer und künstlerischer Beziehung eine so vollkommene, daß wir nur an griechischen Ursprung denken dürfen...

Allerdings stammen die Inschriften, welche sich auf den erhaltenen Thronsesseln befinden, erst aus hellenistischer und römischer Zeit, aber bei vielen von ihnen ist deutlich zu erkennen, daß sie die Stelle älterer Inschriften einnehmen; letztere sind weggemeißelt und durch jüngere ersetzt worden. Daß infolge neuer Verleihungen des Rechtes der Proedrie solche Veränderungen notwendig werden konnten, liegt auf der Hand.

Wilhelm Dörpfeld

DAS OLYMPIEION

Bevor man ins Heiligtum des olympischen Zeus eintritt – der römische Kaiser Hadrian weihte den Tempel und das sehenswerte Kultbild, dem an Größe außer den Kolossen in Rhodos und Rom die sonstigen Kultbilder gleichermaßen nachstehen, und das aus Elfenbein und Gold gemacht und im Hinblick auf seine Größe gut gearbeitet ist –, stehen dort zwei Statuen Hadrians aus thasischem Marmor und zwei aus aegyptischem Stein, und andere aus Bronze stehen vor den Säulen. Der ganze Bezirk hat einen Umfang von etwa vier Stadien und ist voll von Statuen. Denn von jeder Stadt, die die Athener als ihre Kolonien bezeichnen, wurde eine Statue des Kaisers Hadrian geweiht, und die Athener übertrafen sie mit dem sehenswerten Koloß, den sie hinter dem Tempel aufstellten. Von Al-

Athen: Die Akropolis von Nordwesten. Im Mittelgrund auf einem flachen Hügel der Haphaistos-Tempel.

tertümern befinden sich in dem Bezirk ein bronzener Zeus und ein Tempel des Kronos und der Rhea und ein Heiligtum der Ge mit Beinamen Olympia. Hier klafft die Erde etwa eine Elle auseinander, und man sagt, daß hier die Wasser nach der Flut unter Deukalion abgeflossen seien, und wirft in diesen Spalt jährlich Brote aus Weizenmehl und Honig. *Pausanias*

Das Olympieion ist mehr ein Tempel Hadrians als des höchsten Gottes; die Idee, die wenigstens bei seiner Vollendung vorwaltete, war die der menschlichen Selbstvergötterung. Wir haben in ihm und dem Parthenon den ganzen Gegensatz der römischen Kaiserzeit und der schönsten Periode des hellenischen Republikanismus, einerseits eines zwar in hohem Grade

großartigen Despotismus, der nicht zufrieden, alle irdische Macht in sich zu vereinigen und sich nach dem Tode vergöttern zu lassen, sich noch lebend in den Olymp drängt, andererseits einer alle Glieder des Staates zu den größten Leistungen begeisternden Freiheit, welche die höchste Ehre in natürlicher Frömmigkeit der Gottheit gibt und deren Schöpfungen daher auch von einem göttlichen Hauche durchweht sind. Das ist der Eindruck, den die beiden Tempelruinen auf den machen, der sie an der Hand der geschichtlichen Erinnerungen betrachtet und sie sich im Geiste herstellt. Lächerliche Ziererei scheint es mir aber, wenn man, wie das in Athen mir selbst bei Reisenden vorgekommen ist, dem Olympieion Schönheit und Großartigkeit absprechen will, nur weil es eben nicht aus der Zeit des Perikles ist. Der größte Triumph für den Parthenon und seine Schöpfer ist eben der, daß der großartige Zeustempel, anstatt ihn zu verdunkeln, nur gleich einer Folie seine ganze Herrlichkeit noch strahlender erscheinen läßt. *Wilhelm Vischer*

DER KERAMEIKOS

In das Grab hinein pflanzte
der menschliche Grieche noch Leben,
Und du, töricht Geschlecht,
stellst in das Leben den Tod. *Friedrich von Schiller*

Man schaue eine griechische Grabstele an: Sie zeigt das Seelenbild des Toten und verzeichnet kaum einen Namen; keiner könnte daraus eine Biographie erschließen, hier ist kein Tun vermerkt, sondern nur ein Sein. Ein römischer Sarkophag verzeichnete den ganzen Lebenslauf des Verstorbenen, nicht, was er war, was er getan hat, soll der Nachwelt erhalten bleiben; wenn man den Toten im Bilde darstellte, dann war es um der Runen willen, die seine Taten und Leiden seinem Gesichte eingeschrieben haben. *Carlo Schmid*

MARATHON

Hier bei Marathon warfen, für Hellas im Kampf, die Athener
Siegreich Mediens goldprunkendes Heer in den Staub.
(Simonides von Keos)

Wer würde diese schon früh besiedelte Ebene an der attischen Ostküste besonders beachten, wäre dort nicht im Jahre 490 v. Chr. die erste entscheidende Schlacht zwischen Griechen und Persern geschlagen worden? Trotz der großen zahlenmäßigen Überlegenheit der Perser, die nach der Zerstörung von Naxos und Eretria auf Euböa am Strand von Marathon landeten, und von hier aus Athen erobern wollten, konnten unter dem Feldherrn Miltiades die athenischen Hopliten den Sieg davontragen und die persischen Streitkräfte in die Flucht schlagen. Den Sieg in Athen zu melden, lief ein Bote in die Hauptstadt, wo er mit dem Ruf „Wir haben gesiegt!" zu Tode erschöpft zusammenbrach.

Noch im 2. nachchristlichen Jahrhundert berichtete Pausanias von den Gräbern der gefallenen Athener, Platäer und Sklaven, die alle von den Bewohnern Marathons als Heroen verehrt wurden. Bis auf den heutigen Tag hat sich der Grabhügel für die 192 gefallenen Athener erhalten, auf dem einmal Stelen die Namen der Krieger verkündeten.

Wer heute nach Marathon kommt, der hat gewiß auch den Wunsch, sich dieses weltgeschichtlich bedeutsame Ereignis vor Ort zu vergegenwärtigen, sich im Angesicht der Landschaft die für die Griechen zunächst so aussichtslose Situation vor Augen zu führen und auch die Folgen zu ermessen, die ein Sieg der Perser gehabt hätte.

DER ORT

Die Ebene von Marathon gleicht durchaus einem antiken Amphitheater. Die schön geschweifte Bucht, die die Ostseite bildet, ist ein rein gezeichneter Theaterkreis; an den beiden Enden sicher geschlossen durch scharf vorspringende schroffe Bergfelsen ...

MARATHON

Auch das unkundige Auge des Laien gewahrt sogleich, daß die Griechen durch die Gunst der Örtlichkeit im entschiedensten Vorteil gegen die Perser waren. Und diese Gunst der Örtlichkeit ist wesentlich in Betracht zu ziehen, um zu erklären, wie es den Griechen möglich war, gegen eine so gewaltige Übermacht obzusiegen. *Hermann Hettner*

Hier landeten die Barbaren, wurden in der Schlacht besiegt und verloren bei der Abfahrt auch einige Schiffe. In der Ebene befindet sich ein Grab der Athener, und darauf stehen Stelen mit den Namen aller Gefallenen nach ihren Phylen, ferner ein anderes Grabmal der Plataeer aus Boeotien und eines für die Sklaven; denn damals kämpften zuerst auch Sklaven mit ... Hier hört man jede Nacht Pferde wiehern und Männer kämpfen; das aber geradezu sehen zu wollen, ist für niemand günstig, dem das zugestoßen ist; wem es aber unbeabsichtigt und von selbst zustößt, der zieht sich den Zorn der Daemonen nicht zu. *Pausanias*

Halb von öden Gebirgen umkränzt,
streckt Marathons heil'ge
Talflur gegen des Meers schimmernde Bucht
sich hinab.
Feierlich schweigt es umher;
stumm kreisen die Adler, und einsam
Über dem weiten Gefild schwebt der Gefallenen Ruhm.

Emanuel Geibel

DIE SCHLACHT

Die Athener hatten ihre Schlachtordnung so eingerichtet, daß sie sich ebenso ausbreiteten wie die Perser, weshalb in der Mitte die wenigste Mannschaft stand. Auf den beiden Flügeln war die meiste Stärke.

Als die Armeen auf diese Art in Ordnung gestellt und die Opfer glücklich ausgefallen waren, gingen die Athener in vollem Lauf auf die Feinde los. Beide Armeen standen acht Stadien voneinander. Die Perser, welche sahen, daß sie im Lauf auf sie losgingen, machten sich fertig, sie aufzufangen, und legten es als den größten Unsinn und eine Verzweiflung aus, da sie sahen, daß ihrer so wenig waren und daß sie im Lauf ihren Anfall täten und doch weder Reiterei noch Pfeile gebrauchten. So urteilten die Feinde. Aber die Athener kamen darauf mit den Feinden in ein recht hitziges Treffen und lieferten eine sehr merkwürdige Schlacht; denn sie waren, soviel wir wissen, von allen Griechen die ersten, welche den Feind im Laufe angegriffen und die sich nicht vor der medischen Kleidung und vor den Völkern, welche dieselbe angehabt, gefürchtet haben, da vorher auch der bloße Name der Perser den Griechen in ihren Ohren ein Schrecken war.

Das Treffen auf dem marathonischen Feld dauerte lange. In der Mitte siegten endlich die Feinde; wo die Perser und Daker standen, brachen sie durch und verfolgten die Athener bis mitten ins Land hinein. Auf beiden Flügeln aber siegten die Athener und Platäer; sie ließen auch die Feinde, welche in die Flucht geschlagen waren, immer hinfliehen und zogen gegen die, welche in der Mitte durchgebrochen waren, die beiden Flügel zusammen, schlugen sie und erhielten den Sieg. Sie verfolgten darauf die fliehenden Perser, bis sie ans Meer kamen, wo sie Feuerbrände ergriffen und einige ihrer Schiffe damit erreichten...

Sieben von den Schiffen bekamen die Athener in ihre Hände, auf den übrigen zogen sich die Feinde zurück.

Herodot

Marathon: Blick in die Ebene.

Für die Wahl des Ortes [als Landungsplatz der persischen Flotte] scheinen politische Erwägungen (die Kleinbauern der Gegend galten als besonders tyrannenfreundlich) und strategische Gesichtspunkte in gleicher Weise maßgebend gewesen zu sein; ein erfolgreicher Einsatz der persischen Reiterei war zudem nur in einem ebenen Gelände möglich. Gegenüber der persischen Invasion waren die Athener völlig auf sich allein gestellt. Eine äußerst gefährliche Situation, die durch die Existenz einer starken tyrannenfreundlichen Gruppe in den Mauern der Stadt noch verschärft wurde! ... Die Gesamtstreitmacht zählte etwa 10000 Mann, d.h., sie war dem persischen Landungskorps numerisch beträchtlich unterlegen. Obwohl Athen eine Ummauerung hatte, entschloß man sich dennoch, und zwar auf Antrag des Miltiades in der Ekklesie, zum Auszug ge-

gen die Perser, um sie am weiteren Vordringen auf der von Marathon nach Athen führenden Straße zu hindern – es war dies ein Entschluß von ungewöhnlicher Kühnheit, der alles auf eine Karte setzte. Die Athener nahmen auf den Nordostabhängen des Agrieliki Stellung und lagen hier tagelang den Persern gegenüber, die im Gefühl ihrer Überlegenheit wiederholt die Schlacht anboten. Es war Miltiades, einer der zehn Strategen, der den Polemarchen Kallimachos bestimmte, sie anzunehmen. Der Verlauf ist strittig, auch die topographischen Probleme geben einige Rätsel auf. Soviel ist jedoch sicher, daß es sich um eine rangierte Feldschlacht, nicht um ein Rückzugsgefecht der Perser gehandelt hat. Alle Wahrscheinlichkeit spricht dafür, daß die Perser, nicht die Athener, die Angreifenden waren (gegen Herodot). Einmal entschlossen, den persischen Angriff zu parieren, legte die Phalanx der athenischen Hopliten die letzte Distanz in „beschleunigtem Anmarsch“ zurück, um dem persischen Pfeilhagel zu unterlaufen. Während das Zentrum den Kerntruppen der Perser weichen mußte, warfen die starken Flügel den Feind und vollendeten durch Einschwenken nach innen den Sieg. Zu einer vollen Ausnützung des Sieges kam es nicht, wohl weil die Schwerbewaffneten zu stark erschöpft waren. Die Perser, die an einem Bach (der Charadra) und am Schiffslager hinhaltenden Widerstand leisteten, vermochten den größten Teil des Landungskorps einzuschiffen. Den Versuch, nach Umsegelung der Akté von Sunion Athen im Handstreich zu nehmen, mußte Datis aufgeben; denn das siegreiche attische Aufgebot war in Gewaltmärschen nach Süden geeilt.

Hermann Bengtson

SUNION

O wär ich dort, wo
Wogenumrauscht emporragt
Der Fels mit dem dunklen Wald
Unter Sunions steiler Höh,
Daß ich dich endlich grüßen könnt,
Heilig Athen!

Sehnsüchtig wünscht sich Sophokles nach Sunion, um von dort aus seinen Blick nach Athen schweifen lassen zu können.

Wir hingegen haben Athen bereits verlassen und stehen nun auf dem „heiligen Kap der Athener“, vor uns das weite ägäische Meer, dessen schillernder Spiegel von den verstreut auftauchenden Inseln hie und da unterbrochen wird. Poseidon, der Gott des Meeres, beherrschte seit jeher diesen umbrandeten Felsen an Attikas Südspitze. Schon sehr früh wurde darum dem Gott hier ein Altar errichtet, später ein Tempel, der von den Persern zerstört, im Zeitalter des Perikles, der zweiten Hälfte des 5. Jahrhunderts v. Chr., wieder neu erbaut wurde. Seine heute noch aufrecht stehenden Säulen, die sich in ihrem strahlenden Weiß gegen den leuchtendblauen Himmel und das Meer abheben, begeistern immer wieder Scharen von Besuchern.

Unweit des Poseidontempels finden sich die Reste eines der Athena geweihten Bezirkes aus dem 6. Jahrhundert v. Chr.

Besondere Bedeutung erlangte Sunion zur Zeit des Peloponnesischen Krieges, als das befestigte Kap im Jahre 413 v. Chr. die Getreideversorgung Athens zu sichern hatte.

DER TEMPEL

Kürzlich habe ich zu Sunium mit der Aufnehmung und Zeichnung des ...Tempels drei himmliche Tage hingebracht. Wir hatten dabei das allerschönste Wetter, das man sich nur wünschen kann. Lieber Bruder, möchte ich dir doch die Lage dieses Monuments schildern können. Die Ruinen des Tempels stehen auf einem ziemlich hohen und von der Meeresseite steilen Vorgebirge. Der Marmor hat seine weiße Farbe durchaus erhalten, und seine Oberfläche ist von der Meeresluft etwas salpetrisiert, was ihm einen ganz eigenen bläulichen Ton in den Halbschatten gibt. Dreizehn Säulen mit ihrem Architrav ragen noch aus den zu Boden geschmetterten übrigen Teilen des Gebäudes hervor und machen eine ganz einzige Wirkung, wenn man den Berg hinabsteigt und sie auf dessen Gipfel sich auf der schönen blauen Luft abheben sieht. Vorzüglich schön aber ist der Anblick des Meeres, dessen erhabene Fläche sich auf drei Seiten bis zum Horizont zwischen den schneeweißen Marmorsäulen emporhebt, wenn man in der Cella steht, von welcher die Umfassungsmauern umgestürzt sind. Ich gedenke hiervon, wenn mir Zeit übrig bleibt, eine Zeichnung auszuführen...

Die Reise nach Sunium zu Lande bietet dem Auge sehr schöne Teile von Attika dar. Wir machten sie zu Pferde mit Lord Byron in einer zahlreichen Gesellschaft, da man sich vor Räubern, die in jener Gegend nicht selten sind, sicherstellen muß.

Karl Haller von Hallerstein

Im fünften Jahrhundert, also spät, der Tempelbau, Terrassen wurden aufgeschüttet, Stützmauern errichtet und darüber dann die Wohnung des Gottes, das gebrechliche und doch feste Werk der Steinmetzen, das sich vor das tobende Element setzt. Den Gott Poseidon hat erfaßt, wer im Kultbild, im Säulenumgang und im Meer das Gemeinsame wahrnimmt. ...

Ich kehre dem Tempel den Rücken, mein Auge schweift über Aigina und Poros, es zieht die Umrisse der argolischen Berge nach. Im südlichen Vordergrund das Eiland des heiligen Georg, im östlichen Makronisi, während des Bürgerkrieges Internierungsort der Kommunisten, dahinter die erste der Kykladen, Kea. Ich wende mich um, in der Länge dreizehn, in der Breite sechs Marmorsäulen – zwölf haben sich erhalten. Zwar eine dorische Ordnung, doch eine zweideutige Dorik, eine allzu schlanke Schlankheit, die mit einer geringen Höhe zusammengeht. Man hat daraus auf eine inselionische Bauhütte geschlossen und vermutet, daß die attischen Architekten und Steinmetzen auf der Akropolis beschäftigt waren und daß sonstwoher genommen werden mußte, was sich an Baumeistern und Handwerkern anbot – zudem sticht ja das Kap in die Welt der von Ionern besiedelten Inseln hinein. Die Dünne der Säulen droht den Tempel ins Gehaltlose wegzurücken, er widerstrebt zwar, aber sicherlich hätten sich Schäfte von peloponnesischer Gedrungenheit vor der See und im Sturm besser behauptet. Man hat die Zahl der Kannelüren von zwanzig auf sechzehn vermindert, um dem Eindruck der Schwäche entgegenzuarbeiten, aber es hilft nichts, dem Sunionbau ging die dämonische Wucht, die unerschütterliche Plastik der dorischen Ordnung verloren. Wie fast jeder Verlust, so ist auch dieser mit einem Gewinn verbunden, ein lichter, lockerer Charme spricht uns an, und dann die Arbeit des Windes, der keine Patina zuläßt, der die Konturen verschleift und den Säulen eine geisterhafte Bleichheit zuweht – ein silbriges Gespenst von spukhafter Grazie. *Gerhard Nebel*

Überm Meerblau lag Aigina. Ich erkannte die Bergpyramide des Oros mit dem Altar des panhellenischen Zeus. Darunter, aus dem Grünen der Hügel, wahrhaftig, sandten die Säulen des Tempels einiges Weiß. So nah war alles in Griechenland. So licht und klar war die Luft, daß sich solche Blicke ergaben. Von Sunion sieht man Aigina. Von Aigina sieht man den Parthenon. Auch von Akrokorinth sah ich den Parthenon und den Zeusberg von Aigina und nach der anderen Seite den Hymettos, die Gipfelflur der Peloponnes und den Olympos.

So grüßen die Götterorte sich über ganz Griechenland hin: Ballwürfe von Blicken. Es sind goldene Bälle.

Die Tempelsäulen von Sunion stehen auf bräunlichem Fels, eine weiße Zackenkrone des Lands. Jede der griechischen Tempelruinen hat ihre eigene, unvergeßliche Farbe. Die Burg von Athen: honigfarb. Olympia hat ein uralt silbernes Grau. Korinth hat sein heimliches Braun, Bassai ist bläulichgrau fahl, der Tempel von Aigina hat die Farbe von eichenem Holz: zwischen Grau und rötlichem Braun.

Sunion allein ist schneeweiß.

Der Marmor der Säulen von Sunion hat keine Patina. Es scheint, als habe der immerwährende Wind, erzeugt von Sonne und Meer, also ein Wind, der noch aus ganz Reinem bestand und noch frisch war, als habe der junge Wind keine Haut des Alters geduldet. Überhaupt keine Haut: das Korn des Marmors liegt bloß. Es ist zuckerig wie im frischen Bruch.

Ein tüchtiger Sturm wehte bei völliger Klarheit. Die Welt sah frischwaschen aus. Die tiefblaue Meerflut wurde von regenbogenfarbenen Schleiern gefegt. Millionen weißer Kämme reihten sich hintereinander. Die nahen Inselchen stiegen erdig und braun aus dem tintigen Blau, vollkommen unfruchtbar, wie irden gebrannt.

Erhart Kästner

Gar lang galt das Heiligtum Poseidons für eine geweihte Stätte der Athena; und eigentlich denkt der Wandler unter den schlanken, fast zerfallenen Marmorhallen Sunions leichter an die hohe Jungfrau, Tochter des Hauptes von Zeus, als an den Rosseentzäumer und dröhnenden Gott der Wogen: Poseidon. Beide Götter teilten sich, so wie auf der Akropolis, auch hier in ein geweihtes Gebiet: Oft Gegner vor den Olympiern, Widersacher bei Schicksalswahrung von Helden, vertrugen sich der ungestüme Meergott und die Spenderin weiser Beherrschtheit häufig in gleicher Opferstätte mit kultischer Verehrung.

Kap Sunion ist der eigentliche Mittelpunkt Griechenlands, ich möchte sagen: das Gebiet von Athen erreicht, vollbringt und krönt ihn mit den noch erhoben stehenden Säulen des Poseidontempels. Welches Land ist mehr Wasser und Erde als Hellas? Der Blick erreicht von Kap Sunion aus das Kap Malea an Arkadiens Küste, bestreicht die Felsenhänge der Argolis, hinter den Vorinseln der Peloponnes: Ägina, Poros und Hydra. Vertraut lauscht man noch heut, unterm Schutz der Athena, auf das pochende Herz von Hellas.

Theodor Däubler

DER GOTT

Großer Gott Poseidon, von dir beginn ich zu singen!
Du bewegst die rastlos wogende See und die Erde,
Meergott, der du den Helikon schirmst
und Aigai, das breite.
Erderschütterer! zweifach schenkten
die Götter dir Ehre:
Meister bist du der Rosse,
du bist auch der Retter in Seenot.
Heil dir Poseidon, Erderhalter, dunkel Gehaarter!
Seliger du, mit gütigem Herzen!
so hilf deinen Schiffern!

Homerischer Rhapsode

Fragen wir nach dem Tun, in dem sich die Kraft [Poseidons] offenbarte, so ist das wichtigste die Erschütterung der Erde, von der er viele Beinamen bekommen und behalten hat. Er ist immer der furchtbare Gott des Erdbebens. In der Ilias erschüttert er die Erde so, daß die Berge erbeben und das schauerliche Reich der Tiefe aufzubrechen droht. Aber er spaltet nicht nur die Erde, er läßt Salz- und Süßwasser aus ihr hervorsprudeln, und so ist er der Gott der Quellen und Flüsse. Am majestätischsten aber offenbart er sich im Meere, dessen Aufruhr dem Erdbeben verwandt ist.

Die Vorstellung, daß er der Meeresherrscher sei, die bei Homer aus dem ganzen Umkreis seiner ehemaligen Wirksamkeit allein übriggeblieben ist, gehört sicherlich ebensowohl zu seinem ursprünglichen Bilde wie die vom Erderschütterer. Was der Glaube festhält, muß von jeher sehr eindrucksvoll gewesen sein. Aber freilich ist nicht zu verkennen, daß dem Poseidon bei Homer und auch im allgemeinen Glauben der nachhomerischen Zeit nur Bruchstücke seiner einstmaligen Herrlichkeit, wenn auch bedeutende, verblieben sind; und diese Einschränkung weist auf einen um so größeren Wandel des Denkens, weil Poseidon ehedem nicht bloß ein großer, sondern ein umfassender Gott gewesen ist, nämlich ... die männliche Gestalt neben der weiblichen Erdgottheit. In dieser Rolle können wir ihn nur mit dem Blitzschleuderer Zeus vergleichen; hat er doch selbst den Blitz geschleudert, und sein bekannter Dreizack war ursprünglich nichts anderes als der Blitz.

Walter F. Otto

6. Der sogenannte Aphaia-Tempel auf Ägina: Dieser dorische Tempel und das dazugehörige Heiligtum im Nordosten der Insel war um 490 v. Chr. vollendet. Als eines der schönsten Beispiele spätarchaischer Architektur zeigt der Tempel in seinen Proportionen, den Neigungsverhältnissen und der Technik Prinzipien, die ein halbes Jahrhundert später am Parthenon vollendet worden sind.

7. Ägina: Blick auf die Westküste mit dem Berg Oros. Auf dem 524 m hohen Gipfel dieses höchsten Berges der Insel befand sich einst ein Zeus-Panhellenios-Heiligtum.

8. Carl Rottmann: Eleusis. Enkaustik auf Steinguß. 1843. München, Bayerische Staatsgemäldesammlungen.
„Nur einzelne Strahlen durchdringen die Wolkennacht, um anzudeuten, wie die volle

Sonne der Wahrheit verborgen war dem Umkreis der heidnischen Welt, wie gerade aber dort über Eleusis, dem Sitze einer reineren Gotteserkenntniß, einzelne Strahlen derselben herniederleuchten."

9. Delphi: Das Athena-Heiligtum von Osten. Südöstlich des Apollon-Heiligtums auf dem nach Süden hin abfallenden Gelände befand sich der Heilige Bezirk der Athena Pronoia, der „Vordenkerin". Im Zentrum des Bildes der dorische Rundtempel (Tholos)

aus dem Anfang des 4. Jahrhunderts v. Chr., umgeben von Schatzhäusern sowie einem jüngeren Athena-Tempel (4. Jahrhundert v. Chr.) im Westen und einem älteren Athena-Tempel (7. und 6. Jahrhundert v. Chr.) im Osten.

10. Der Wagenlenker von Delphi. Bronze. Höhe 1,80 m. Museum Delphi. Die lebensgroße Figur des Wagenlenkers gehörte ursprünglich zu einem Viergespann, welches als Weihgeschenk zum Dank für einen Sieg im delphischen Wagenrennen von dem Tyrannen Polyzalos von Gela (Sizilien) gestiftet wurde. Dies geht aus einer Weihinschrift auf der dazugehörigen Basis hervor. Aufgrund der Kenntnis des Stifters und stilistischer Merkmale wird der Wagenlenker um 470 v. Chr. datiert.

ÄGINA

Namenberühmt liegst du herrschend im dorischen Meer,
o Insel, Zeus des hellenischen funkelnder Stern. (Pindar)

Von Sunion aus ist bei guter Sicht der „funkelnde Stern" in der Ferne zu sehen. Man gelangt von Athen aus im Saronischen Golf nach Ägina, zur Insel der Ziegen und Pistazien. Ihre beherrschende Lage vor den Küsten Attikas und der Peloponnes ließ Ägina in der Antike zu einem bedeutenden wirtschaftlichen Zentrum werden. Mächtig schon im 3. Jahrtausend, war die Hauptstadt der Insel im folgenden Jahrtausend ein Zentrum der mykenischen Kultur. Im 8. vorchristlichen Jahrhundert nahmen die Dorer von Epidauros aus die Insel in ihren Besitz. Gegen 450 v. Chr. wurde Ägina von Athen unterworfen und nach Vertreibung seiner Bewohner von athenischen Kolonisten besiedelt. Rasch gingen Macht und Bedeutung verloren, bis Ägina 130 v. Chr. schließlich römisch wurde.

In der Blütezeit Äginas entstand der dorische Aphaia-Tempel (gegen 500 v. Chr.) im Nordosten der Insel. Seine 1811 ausgegrabenen und nach München gebrachten Giebelfiguren, die sogenannten „Ägineten", sind – der Ergänzungen Thorwaldsens bar – in der Münchner Glyptothek zu bewundern.

Auf der höchsten Erhebung der Insel, dem Heiligen Berg Oros (524 m), befand sich einst ein Zeus-Panhellenios-Heiligtum, zu dem ein Aufstieg im Morgengrauen sehr empfehlenswert ist.

DIE INSEL

Es ist nicht nötig, an die einstige Größe der Insel Ägina zu erinnern. Ihr Name, der sich unverändert bis auf unsere Tage erhalten hat, gehörte zu den gefeiertsten von den ältesten mythischen Zeiten, wo der Zeussohn Aeakos, der Ahnherr der glorreichen Heroen Achilleus und Ajas, hier herrschte, bis in die Periode von Griechenlands höchster Blüte. Nachdem Dorier von Epidauros her auf der Insel sich niedergelassen und bald von der Mutterstadt unabhängig gemacht hatten, entfaltete sich ein reiches Leben, wo kriegerische Tüchtigkeit, unternehmender Handelsgeist und schöpferische Kunsttätigkeit in schönstem Vereine zusammenwirkten. Die unglaubliche Blüte erreichte gegen die Perserkriege ihren Höhepunkt. Ägina war damals neben Korinth die erste See- und Handelsmacht von Griechenland ... In den Seeschlachten des Perserkrieges teilte es den Hauptruhm mit Athen. Aber das waren die letzten Strahlen seines Glückes. Bald nachher wurde seine Macht durch Athen gebrochen, die stolze Aristokratie unterworfen, ja endlich die ganze alte Bürgerschaft vertrieben ...

Athen ist wegen seines harten Verfahrens genug geschmäht worden. Aber wenn man auf den Bergen der Insel steht und nach der attischen Küste schaut oder von Athen auf Ägina blickt, so begreift man die Worte des Perikles, daß Ägina ein Geschwür sei im Auge Athens. Solange in so unmittelbarer Nähe ein unabhängiger, seemächtiger Staat blühte, konnte Athen nicht ruhig sein.

Wilhelm Vischer

Wir Flüchtigen! Was sind wir,
Schon sind wir's nicht mehr. Ein Traum
Des Schattens, das ist der Mensch.
Aber, kommt nur ein Strahl von
Gott her, gleich ist es hell, und das
Leben dünket uns freundlich.
O Aigina du, Mutter, vertraute, führ' den Pfad
Der Freiheit deine Stadt mit Zeus ...

Pindar

DER TEMPEL

Britomartis, eine Tochter des Zeus und der Karme, mied den Umgang mit den Menschen und zog es vor, immer unvermählt zu bleiben. Zuerst begab sie sich aus Phönizien nach Argos zu den Töchtern des Erasinos ..., dann suchte sie von Argos aus Kephallenia auf, wo die Bewohner sie Laphria nannten und ihr wie einer Göttin Opfer darbrachten. Darauf ging sie nach Kreta, woselbst Minos sie erblickte und mit Liebesanträgen verfolgte. Sie aber floh zu Fischern, die sie unter ihren Netzen versteckten, und die Kreter nannten sie seitdem Diktynna und opferten ihr. Nachdem Britomartis dem Minos entkommen war, fuhr sie mit einem Fischer, Andromedes, in einem Kahn nach Aigina. Dieser wollte in Liebesbegehren ihr Gewalt antun, Britomartis jedoch sprang aus dem Kahn und flüchtete in einen Hain, wo noch jetzt ihr Tempel steht. Dort wurde sie den Augen der Menschen entrückt. In dem heiligen Bezirk der Artemis sah man an ihrer Stelle ein Götterbild. Die Stelle aber, an der Britomartis entschwunden war, weihten die Aigineten, und unter dem Namen Aphaia brachten sie ihr als einer Göttin Opfer dar. *Antoninus Liberalis*

Unser rastloses Bemühen, so gründlich als möglich in unseren Arbeiten zu sein, hatte nicht nur die Folge, daß wir diesen schönen Tempel bis in seine Einzelheiten genau kennenlernten, sondern es führte uns noch zu dem ganz besonderen Glück, die schönen Bildhauerwerke, die ehemals seine beiden Giebelfelder zierten, aus seinen Trümmern hervorzufinden und sie so der Kunstwelt wieder zu geben. Es sind an ihnen wahrscheinlich mehrere Helden aus dem Trojanischen Kriege vorgestellt, und sie tragen durchgehends das Gepräge eines sehr hohen Altertums auf sich... Wir hatten uns durch Bezahlung einer mäßigen Summe an

die Stadt Ägina zu rechtmäßigen Eigentümern von ihnen gemacht und brachten sie in verschiedenen Transporten nach Athen. Hier erregte unser Fund großes Aufsehen, und wir mußten befürchten, daß man von türkischer Seite Anspruch darauf machen könnte ... Durchdrungen von dem lebhaften Wunsche, daß sie nach Deutschland, namentlich nach Baiern kommen möchten, suchte ich dem Könige eine, so viel es mir zu Athen möglich war, genaue Kenntnis davon zu geben.
2. Nov. 1814 *Karl Haller von Hallerstein*

Es war die Abgelegenheit des Tempels im einsamen Waldgebirge, die ihn nicht nur der faulen Neugier der Bequemen, sondern auch der Barbarei spähender Zerstörer entzog. Länger als ein Jahrtausend lag das Dunkel völliger Vergessenheit über der Ruine. Und im Grunde war diese Vergessenheit, dies gänzlich Unbekanntgewordensein der einzige Schleier, der sie deckte und bewahrte. Denn eine Verschüttung war kaum vorhanden. Bei der ersten leisesten Schürfung mußten unter den noch stehenden Teilen die gefallenen Schätze des Tempels zutage kommen. An jeder anderen mehr zugänglichen Stelle wäre dieser fabelhaft unversehrte Bestand unbegreiflich gewesen ... [Erst im 19. Jahrhundert] war die stille Ruine in der hohen Waldeinsamkeit immer mehr und mehr der Magnet der Insel geworden, ein Werk, dessen die gesamte antike Kunstschriftstellerei kaum mit einem Worte gedenkt, zu einem Hauptstück in der Geschichte der antiken Architektur und Plastik. An diesen Säulen lehnte Byron, hier beging in frohem Kreise Otto von Griechenland die Feier seines Geburtstages. Und heute ist der Tempel einer der ersten Anziehungspunkte für alle, welche in Griechenland reisen, an Kunst und Natur sich zu erfreuen. Es gibt nur wenige unter den vielen Beschreibungen griechischer Reisen, in der nicht ein Besuch des Tempels von Aegina jetzt eine Rolle spielt. Es ist aber auch kaum eine unter den vielen Beschreibungen in all diesen Berichten, durch die unsere Kenntnis der Ruine wirklich bereichert würde. Neues brachte erst die bayerische Untersuchung von 1901, gerade neunzig Jahre nach den ersten epochemachenden Funden und Arbeiten von 1811.

Adolf Furtwängler

Ägina: Der sogenannte Aphaia-Tempel.

Zum Tempel läuft man ein paar Stunden hinauf. Es ist eine liebliche Landschaft mit Tälern und Höhen. Von einer Schwelle blickt man in ein silberglänzendes Ölbaumtal. Jenseits, von einem Hügel, den hellgrüne Kiefern bewipfeln, schimmern die Säulen.

Ich stieg diesen Hügel hinab durch Gebüsch und Gestein, vom Harzduft bedrängt, trat aus den Bäumen und stand vor der Tempelruine. Sie war eher klein, fast gemütlich zu nennen. Die Farbe bräunlich mit einer Spur Rot, was dem Stein etwas Durchblutetes gab; man sah ihn mit durchsonntem Blau des Himmels zusammen. Die Höhe des Tempelhügels war geringer als andere Hügel und niedrig im Vergleich zu dem Gipfel, der dem Zeus geweiht war. Es war nicht zu erkennen, warum gerade an dieser Stelle die Tempelstatt war.

Es war sicher, daß der Platz noch immer Kraft und Strahlung besaß. An die kurzen Stunden, die man an so einem Orte verbringt, wird man sich Jahre, Jahrzehnte, ein langes Leben erinnern, wo doch so viel Tage und Wochen ins Wesenlose zergehn. Am Schluß ist das Leben nur eine Summe aus wenigen Stunden, auf die man zulebte. Sie sind; alles andere ist nur ein langes Warten gewesen. Da, ein Samenkorn fiel. Aufging der Erinnerungsbaum, wuchs und wölbte die Krone; sie zittert im Ewigkeitswind. Kraft eines Wurfs. Welcher Säemann warf?

Tiefe Stille und Einsamkeit. Aus dem Gebälk wuchs ein Erikabusch und ließ sich vom Mittagswind zausen. Waldameisen waren geschäftig, der Tag roch nach körperlich Heißem. Ein Flugzeug fuhr über den Himmel. Zuweilen rauschten die Kiefern im Wind.

Erhart Kästner

DER HEILIGE BERG

Ich blieb auf Aigina, weil ich noch einen Ritt nach dem ... Panhellenion zu machen gedachte. Dies ist ... im Süden auf dem höchsten Berge der Insel zu suchen. Dieser Berg wird von dem ganzen Kreise von Küsten, welcher Aigina umgibt, von den Küsten von Attika, Salamis, Megaris, Korinth und Argolis, und von den Inseln Poros und Hydra aus erblickt. Er heißt heutzutage, wie fast die Hälfte aller Berge, der Prophet Elias, von einer kleinen Kirche dieses Heiligen auf seinem Gipfel. Doch wird er noch gewöhnlicher der Oros genannt, welches ganz aus der griechischen Sprache verschwundene Wort sich ausnahmsweise auf Aigina als Eigenname des höchsten Berges erhalten hat. Noch heute gilt es den Aigineten und den Bewohnern der benachbarten Küsten als Anzeichen nahen Regens, wenn der Gipfel des Oros sich mit Wolken bedeckt ... Nur diesen Berg konnte Aiakos passenderweise wählen, um sozusagen im Angesichte von ganz Hellas den Wolkenversammler Zeus für ganz Hellas um Regen anzuflehen.

Ludwig Ross

Im Morgengrauen stand ich auf, um das Schauspiel des Sonnenaufgangs [auf dem Oros] nicht zu versäumen. Da erschienen am graubleichen Himmel im Osten zuerst die unbeschreiblichen rosenroten, riesigen Strahlen der Morgenröte und verwandelten mit einem Schlag die dumpfe, traumschwere Welt in Helle und Heiterkeit. Niederes Gewölk im Osten färbte sich in Purpur, und wo es sich leise auflöste, tauchten weiß glänzend in der fernsten Ferne die Kykladen auf. Aber nur für eine Weile. Denn schon steigt hinter diesen aus dem morgendlichen Meere der Gott selbst auf, Helios. Es ist, als vernähme man in der Stille ringsum das ferne Getöse seines Viergespanns. Aber nur das erste Aufleuchten der goldenen Scheibe erträgt das menschliche Auge. Nachher meidet es den göttlich versengenden Blick und tastet lieber das unermeßliche Rund der Landschaft ab, die sich da unten ausbreitet. Denn da ist jenseits vorgelagerter Inseln im Süden die blaue gebirgige peloponnesische Küste der Argolis und Kalauria mit Troizen und Epidaurus, da öffnet sich in dem allmählich verwehenden Dunst westlich der Blick in den Saronischen Golf bis zum Korinthischen Isthmus. Aber da drüben weiter nördlich liegt Megara, die Heimat des Sokrates-Schülers Euklides. Die flache Platte gleich rechts daneben ist das heilige Salamis, oh und nachher die attische Küste und Hymettos und Pentelikon! Das alles aber verändert sich mit dem Licht, mit wandernden Wolken und ihren Schatten den ganzen Tag über, und gleichsam Sonnenuhr, aber auch Wetteruhr ist im Südosten der steil aus dem Meer auftauchende Felsen des Hagios Georgios, jetzt ganz hell und beinahe im Dunst des Meeres zerfließend, nachher rötlichblau und lange schweigsam so verharrend, dann aber mit einem Male drohend dunkelviolett, als künde er Unheil und Sturm. Erst wenn er, nachdem noch einmal die Kykladen im Licht des späten Nachmittags aufgeblitzt waren, sich verdüstert, seinen Umriß verliert und allmählich unsichtbar wird, ist wirklich Nacht. Aber vorher hatte der ins Meer herabsteigende Helios die westliche Flut vergoldet, und lange noch, nachdem er untergetaucht, schweben seine rotvioletten Goldwolken über den Bergen von Nemea.

Ludwig Curtius

SALAMIS

O du herrliches Salamis!
Selig liegst du, umplätschert von Wogen,
Leuchtend ewig in hellem Glanze.

So schildert Sophokles die Insel, an deren Gestaden im Jahre 480 v. Chr., zehn Jahre nach der Schlacht von Marathon, die Griechen unter Themistokles abermals in einer viele Opfer fordernden Schlacht, diesmal zur See, die Freiheit von Hellas vor den Persern retten konnten. Für Sophokles, damals noch Jüngling, verklärte sich der Anblick der siegbringenden Insel im nachhinein zu einem glanzvollen Denkmal für diese das Schicksal Griechenlands entscheidende Tat.

Den heutigen Besucher locken keine bedeutenden archäologischen Funde nach Salamis. Vielmehr wird ihn die topographische Situation des nur wenige hundert Meter von der attischen Küste entfernten Eilandes interessieren. Gerade die Enge des Sundes war es ja, die den kleineren, wendigen griechischen Schiffen die Überlegenheit über die persische Flotte des Xerxes gab.

DIE SCHLACHT

Die Nacht verging, und wahrlich,
der Hellenen Heer,
Verborgne Ausfahrt hatt' es nirgends sich gesucht.
Als drauf der Tag mit seines Wagens Lichtgespann
Die ganze Erde hielt im hellen Lichtesschein,
Zuerst ein Rauschen, Tönen von den Griechen her
Schwoll an, ein frohgemuter Kriegsruf,
und zugleich
Wirft rauschend rück des Felseneilands Echo ihn.
Und Furcht erfaßt da uns Barbaren allzumal,
Die wir getäuscht uns sahen, denn nicht wie zur Flucht
Erhoben die Hellenen ihren Kriegspaian,
Nein, in den Kampf zu ziehen kühnen Mutes voll.

Trompeten flammten schmetternd drein mit ihrem Ruf,
Sogleich im Schwung des Ruders
schlugen rauschend sie
Die nasse Salzflut in Kommandorufes Takt.
Und plötzlich waren alle nah vor unserm Blick.
Der Flotte Linie führte festgeschlossen an
Der rechte Flügel; nach ihm kam der ganze Zug
Heraufgefahren; hören konnte man zugleich
Ein vielfach Rufen: „Söhne der Hellenen, auf,
Befreiet unser Vaterland, befreiet auch
Die Kinder, Frauen, und der Heimatgötter Sitz,
Der Ahnen Gräber; jetzt um alles geht der Kampf!"
Und auch von uns her rauscht entgegen laut der Schall
Der Perserzunge. Nicht zu säumen blieb mehr Zeit.
Sofort schlug Schiff in Schiff den eh'rnen Schnabel ein,
Begonnen hatt' ein Griechenschiff den Angriffsstoß,
Der Schiffe der Phoiniker einen schlug es ab
Den Knauf, auf andre lenken andre ihr Geschoß.
Zwar widerstand zuerst der Perserflotte Flut,
Doch als der Schiffe Menge in dem engen Sund
Sich drängte, gab es wechselseitig Hilfe nicht,
Und selbst vom eigenen Rammsporn wurden sie
Gestoßen, brachen ab ihr ganzes Ruderzeug.
Der Griechen Schiffe drängten wohlberechnet nun
Ringsher umzingelnd gegen uns, jäh stürzten um
Der Schiffe Bäuche, nicht zu sehn mehr war die See,
Mit Schiffestrümmern und mit Menschenleichen voll
Erfüllt mit Toten Klippen und Gestad umher.
Ohn' Ordnung rudert fliehend fort ein jedes Schiff,
Soviel noch übrig waren vom Barbarenheer,
Doch wie beim Thunfischjagen oder Treibefang
Mit Rudertrümmern, Bruchzeug
von der Schiffe Wracks
Zerhieben und zerschlugen die; der Weheruf
Und Jammerschrei erfüllt des Meeres salzge Flut,
Bis daß der dunkle Blick der Nacht dahin sie nahm.
Und doch das Unmaß unsres Leidens, spräch ich auch

Zehn ganze Tage, dennoch nicht erschöpft ich es;
Denn wiß es wohl, daß nimmer noch an einem Tag
Je solche Menge, solche Zahl von Menschen starb...
Laut klagte Xerxes, als er sah des Unheils Flut,
Denn blickend über alles Heer hatt' er den Sitz
Auf hohem Hange, nah der salzgen Meeresflut.
Sein Kleid zerriß er, schrie in hellem Jammer auf,
Erließ der Landmacht eilig noch den Heerbefehl
Und floh in ordnungsloser Flucht. *Aischylos*

Ein starker Wind hat sich erhoben. Breit und schwarzblau rollt die aufgestürmte Welle unter uns hin, daß auf Deck Menschen und Stühle, Schirme und Reisebücher durcheinanderkugeln. Wohin geht jetzt die Fahrt?

Eine Zeitlang schien es, als hielten wir auf Athen, und ich begann schon unruhig zu werden ... Aber siehe, unbemerkt haben wir nach links gedreht, und unserem Kiele öffnet sich der Sund von Salamis, wo menschlicher Ruhm den Ruhm der Heroen überstrahlt. Vergib mir, Schatten des Telemoniers Ajas, der du vor Troja der Tapferste warst nach dem Sohne der Thetis, wenn ich angesichts deiner Heimatinsel deiner nicht zuerst gedenke. Gewiß hast du ja selber für einen Tag deinen Groll und Gram vergessen und schlugst unsichtbar mit, als hier um die Freiheit von Hellas gerungen wurde, daß das flutende Schlachtfeld nicht mehr zu sehen war vor Schiffstrümmern und Feindesleichen.

Es gibt Orte, die für immer den Geistern eines Tages gehören. Wie die nachgeborenen Griechen in spätester Spätzeit des Nachts auf dem Felde von Marathon Rossesschnauben und Lanzenklirren vernahmen, so dauert auch in den Gewässern von Salamis die Geisterschlacht fort; welche Tat in Dichtung und Geschichte wäre imstande, sie zu verdrängen! ...

Langsam fährt unser Dampfer an der ganzen Länge der Kynosura hin, der von Salamis abzweigenden langen und schmalen Felsenzunge, die nicht wie ein Naturgebilde, sondern wie ein künstlicher Steindamm aussieht. Ganz anders versteht man an Ort und Stelle den Bericht Herodots, denn es ist alles nahe wie zum Greifen. Zwischen hier und dem Festland staute sich die Perserflotte, als der regelmäßige Seewind sich wie heute erhob, und bot ihre Flanken dem jauchzenden Anprall der flinken Hellenenschiffe, die so hoffnungskühn und todesfreudig anstürmten, weil ihre heimischen Götter mit ihnen kämpften. *Isolde Kurz*

Hellas, dessen Geschick auf die Schneide des Schwertes gestellt war,
Vom barbarischen Joch rettend mit unserem Blut,
Fielen wir hier, manch bitteres Weh
nachlassend den Persern,
Wenn an der Seeschlacht Not künftig
das Herz sie gemahnt.
Salamis birgt nun unser Gebein,
doch die Mutter Korinthos
Hat uns ein Denkmal hier unserer Taten gesetzt.

Simonides von Keos

Von Eleusis her soll ein helles Licht herübergeleuchtet haben; auch will man aus der Ebene von Thriasos bis zum Meere hin ein lautes Jubelgeschrei vernommen haben; es war, als wenn eine große Menschenmenge den Mysterienfestzug des Jakchos begleitete. Aus der jubelnden Menge schien allmählich eine Wolke in die Höhe zu steigen, vom Lande her nach dem Meer hinzuziehen und sich auf die Schiffe wieder herabzusenken. Andere glaubten wunderbare Erscheinungen zu sehen, wie geharnischte Männer von Aigina her die Hände nach den griechischen Schiffen ausstreckten.

Man vermutete, es seien die Aiakiden; zu ihnen hatten nämlich die Griechen vor der Schlacht um Hilfe gefleht. Als erster erbeutete der athenische Kommandant Lykomedes ein Schiff; er nahm ihm die Kennzeichen ab und weihte sie dem lorbeergeschmückten Apollon in Phlya. Die anderen schlugen sich mit den Persern herum, die in der Meerenge nur in einzelnen Abteilungen kämpfen konnten und deshalb zahlenmäßig nicht mehr überlegen waren. Und obwohl die Perser bis zum Abend Widerstand leisteten, wurden die Griechen ihrer doch endlich Herr und erfochten ... jenen herrlichen, vielbesungenen Sieg, schöner als alle Seesiege, die je Griechen oder Perser errungen haben. Ihn erkämpften die Griechen in ihrer Einigkeit durch ihre nie ermüdende Tapferkeit, Themistokles durch seine alles überschauende Klugheit. *Plutarch*

Aber an Salamis' Ufern, o Tag! An Salamis' Ufern,
Harrend des Endes, stehn die Athenerinnen,
die Jungfraun,
Stehn die Mütter, wiegend im Arm
das gerettete Söhnlein,
Aber den Horchenden schallt aus Tiefen
die Stimme des Meergotts
Heilweissagend herauf, es schauen
die Götter des Himmels
Wägend und richtend herab, denn dort
an den bebenden Ufern
Wankt seit Tagesbeginn,
wie langsamwandelnd Gewitter,
Dort auf schäumenden Wassern die Schlacht,
und es glühet der Mittag,
Unbemerket in Zorn, schon über
dem Haupte den Kämpfern.
Aber die Männer des Volks, die Heroenenkel,
sie walten

SALAMIS

Helleren Auges jetzt, die Götterlieblinge denken
Des beschiedenen Glücks, es zähmen
die Kinder Athenes
Ihren Genius, ihn, den todverachtenden, jetzt nicht
Denn wie aus rauchendem Blut
das Wild der Wüste noch einmal
Sich zuletzt verwandelt erhebt,
der edleren Kraft gleich,
Und den Jäger erschröckt,
kehrt jetzt im Glanze der Waffen,
Bei der Herrscher Gebot, furchtbargesammelt
den Wilden,
Mitten im Untergang, die ermattete Seele noch einmal.
Und entbrannter beginnt's; wie Paare
ringender Männer,
Fassen die Schiffe sich an,
in die Woge taumelt das Steuer,
Unter den Streitern bricht der Boden,
und Schiffer und Schiff sinkt.
Aber in schwindelnden Traum vom Liede
des Tages gesungen,
Rollt der König den Blick; irrlächelnd
über den Ausgang
Droht er und fleht und frohlockt, und sendet,
wie Blitze, die Boten;
Doch er sendet umsonst, es kehret keiner ihm wieder.

Friedrich Hölderlin

ELEUSIS

Glücklich wer, nachdem er jenes schaute, unter die Erde ging!
Er weiß des Lebens Ende, er weiß den gottgegebenen Anfang.

Mit diesen Worten pries Pindar vor beinahe 25 Jahrhunderten den einst so berühmten Demeterkult von Eleusis in der reichen Thriasischen Ebene an der Grenze von Attika und Megara. Die dortigen Mysterien versprachen den Eingeweihten (Mysten) ein glückliches Jenseits. Dem Mythos zufolge kam Demeter auf der Suche nach ihrer von Hades geraubten Tochter Persephone schließlich auch nach Eleusis, wo König Keleos sie gastfreundlich aufnahm. Der König vertraute ihr die Erziehung seines Sohnes Demophon an, dem zu Ehren später alle zwei Jahre Wettkämpfe (die sogenannten „Eleusinia“) in Eleusis stattfanden. Keleos ließ für Demeter einen Tempel errichten und diese stiftete die Mysterien. Auf des Zeus Geheiß mußte Hades Demeter die Tochter für den größeren Teil des Jahres aus der Unterwelt freigeben. Nur im Sommer gehörte sie Hades.

Nach einer Vorfeier in Athen, setzte sich jedes Jahr im Herbst der Festzug von dort aus in Bewegung. Eingeweihte aus allen Teilen Griechenlands – auch Sklaven waren zugelassen – überführten in einer feierlichen Prozession unter jubelnden Zurufen bestimmte Kultgegenstände nach Eleusis. Durch die sogenannten „Großen Propyläen“ aus der römischen Kaiserzeit (2. Jahrhundert n. Chr.) gelangte man vom Vorhof mit dem Kallichoros-Brunnen, einem dorischen Artemis-Tempel und einem Brunnenhaus in den ummauerten Heiligen Bezirk mit den „Kleinen Propyläen“, einem 40 v. Chr. errichteten Torbau, und dem eigentlichen Heiligtum. Dort, im Telesterion, fanden die Kulthandlungen statt: Nur für Eingeweihte wurde die Sagengeschichte der Demeter theatralisch aufgeführt. Der große quadratische, einst überdachte Weiheraum war im 5. Jahrhundert unter Perikles begonnen und im darauffolgenden Jahrhundert um eine Vorhalle erweitert worden. In ihm fand des Nachts die eigentliche Mysterienfeier statt, deren Ablauf jedoch so gut wie unbekannt geblieben ist, da den Mysten eine strenge Schweigepflicht auferlegt war. Neben dem Telesterion befand sich ein kleiner Demeter-Tempel und ein Grottenheiligtum des Hades (Plutonion).

ELEUSIS

Bis in die römische Kaiserzeit hinein war Eleusis ein bedeutendes Heiligtum. Erst als 391 n. Chr. der christliche Kaiser Theodosius der Große heidnische Kulte und Bräuche verboten hatte und fünf Jahre später plündernde Westgoten unter Alarich durch Eleusis zogen, verlor es seine Bedeutung. Heute endlich bietet es als eine graue Industrie-Vorstadt von Athen einen allen Reizes beraubten Anblick.

DIE GÖTTIN

Preisen will ich Demeter Schönhaar, sie, die erhabne
Göttin; sie selbst und die schönste
Tochter Persephoneia.
Göttin, Heil! schirm unsere Stadt auch!
Leite mein Singen! *Homerischer Rhapsode*

Pluton entbrannte in Liebe zu Persephone und raubte sie heimlich mit Hilfe des Zeus. Demeter aber, sie mit Fackeln Nacht und Tag suchend, irrte über die ganze Erde. Als sie von den Hermionen erfuhr, daß Pluton sie geraubt habe, zürnte sie den Göttern und verließ den Himmel. In der Gestalt eines sterblichen Weibes kam sie nach Eleusis. Und zuerst setzte sie sich auf den nach ihr benannten „Traurigen Felsen“ neben den sogenannten „Schönreigenbrunnen“, dann begab sie sich zu dem damaligen König der Eleusinier, Keleos. Im Palast waren Frauen, die sie aufforderten, sich zu ihnen zu setzen, und eine alte Frau, Iambe, brachte sie mit ihren Scherzen zum Lächeln. Darin – so sagt man – haben die Scherzreden der Frauen am Thesmophorienfest ihren Grund.

Des Keleos Gattin Metaneira hatte einen Knaben, den Demeter zu sich nahm und aufzog. Da sie das Kind unsterblich machen wollte, legte sie es nachts ins Feuer und nahm ihm so das vergängliche Fleisch. Tagsüber aber nahm Demophon – so hieß der Knabe – auffallend zu. Da lauerte Metaneira, und als sie das Kind im Feuer versteckt auffand, schrie sie laut. Das war die Ursache, daß der Knabe vom Feuer verzehrt wurde und die Göttin sich zu erkennen gab. Dem ältesten Sohn der Metaneira, Triptolemos, stellte sie einen Wagen mit geflügelten Schlangen bereit und gab ihm den Weizen, mit dem er hoch am Himmel dahinfahrend die ganze Erde einsäte. *Apollodori Bibliotheca*

Rheia aber, die zart Verschleierte,
sprach zu ihr [Demeter] also:
Komm, mein Kind, der weitumblickende
Donnerer Zeus ruft.
Kehr in den Kreis der Götter zurück!
Denn Zeus hat versprochen
Vor den unsterblichen Göttern,
er gebe dir jegliche Ehre
Die du begehrst; er nickte, die Tochter solle ein Dritteil
Jedes laufenden Jahres im dämmrigen
Düster verbringen,
Zwei aber dann mit der Mutter vereint
und den anderen Göttern.
So soll es werden, sprach er;
und nickte dazu mit dem Haupte.
Also komm, mein Kind, und gehorche
und grolle nicht zu sehr
Ohne aufzuhören dem dunkelumwölkten Kroniden!
Gleich aber laß wieder Früchte wachsen,
den Menschen zur Nahrung!
Also sprach sie; die schönbekränzte
Demeter gehorchte,
Ließ in den großen Schollen der Äcker
sogleich wieder Früchte
Wachsen, daß weithin die Erde strotzte
von Blättern und Blüten. *Homerischer Rhapsode*

Während ich auf den Steinfliesen der ehemaligen Vorhalle des Philon, als wäre ich selbst ein Myste, nachdenklich auf und ab schreite, formt sich mir aus der hellen, heißen, zitternden Luft, in Riesenmaßen, das Bild einer mütterlichen Frau. Ihr Haarschwall, der die Schultern bedeckt und herab bis zur Ferse reicht, ist von der Farbe des reifen Getreides. Sie wandelt, mehr schwebend als schreitend, aus der Tiefe der fruchtbaren Eleusinischen Ebene gegen die Bucht heran und ist von sumsenden Schwärmen häuslicher Bienen, ihren Priesterinnen, begleitet.

Die wahren Olympier leiden nicht; Demeter ist eine irdisch-leidende Göttin, deren mütterliches Schmerzensschicksal selbst durch den Richtspruch des Zeus nur gemildert, nicht aufgehoben ist. Auf ihren Zügen liegt, unverwischbar, die Erinnerung ausgestandener Qual, und es kann eine größere Qual nicht geben als die einer Mutter, die ihr verlorenes Kind in grauenhafter Angst und Verzweiflung der Seele sucht. Sie hat Persephoneia wiedergefunden, und hier zu Eleusis der Weihetempel, auf dessen Boden ich stehe, ist der Ort, von dem aus sie Rückkunft der Tochter und ihre Befreiung aus den Fesseln des Tartaros erzwang und wo Mutter und Tochter das selige Wiedersehen feierten. Aber sie genießt auch seither, wie gesagt, nicht das reine, ungetrübte olympische Glück. Nach leidender Menschen Art ist ihr Dasein Genuß und Entbehren, Weh der Trennung und Freude der Wiedervereinigung. Es ist unlöslich, für immer, gleichwie das Dasein der Menschen, aus bitteren Schmerzen und Freuden gemengt. Das ist es, was sie dem Menschengeschlecht und auch dem Spätgeborenen nahebringt und was sie mehr als irgendeinen Olympier heimisch gemacht hat auf der Erde...

Was mag es gewesen sein, was die offenen Kellergewölbe unter mir an Tagen der großen Feste gesehen haben? Man verehrte hier neben Demeter auch den

Dionysos. Nimmt man hinzu, daß der Mohn, als Sinnbild der Fruchtbarkeit, die heilige Blume der Demeter war, so bedeutet das, in zwiefacher Hinsicht, ekstatische Schmerzens- und Glücksraserei. Es bleibt ein seltsamer Umstand, daß Brot, Wein und Blut, dazu das Martyrium eines Gottes, sein Tod und seine Auferstehung noch heut den Inhalt eines Mysteriums bilden, das einen großen Teil des Erdballs beherrscht.

Gerhart Hauptmann

Göttliche Mutter des Alls,
Deo, vielgerufene Gottheit!
Keusche, männernährende,
Freundliche Geberin Demeter!
Reichtum schenkende Göttin,
Ährennährerin, Allesgeberin,
Erfreut von den Werken des Friedens
Und von emsiger Arbeit;
Samenspenderin, sammelnd die Fülle,
Göttin der Tennen, sprossend von Früchten,
Die du wohnst
In Eleusis heiligen Grotten;
Geliebte, sehnlich Begehrte,
Nährerin aller sterblichen Wesen,
Du fügtest zuerst
Der pflügenden Ochsen Gespann,
Sandtest den Menschen ersehntes,
Segenspendendes Leben hernieder;
Blütennährerin,
Herdgenossin des Lärmenden,
Fackelträgerin, leuchtend am Ruhm,
Von den Sicheln des Sommers erfreut;
Erdenherrin, die da erscheint,
Allen bist du huldvoll geneigt,
Kinderreiche, Freundin der Knaben,
Keusche, männernährende Jungfrau!

ELEUSIS

Du schirrtest den Wagen
Mit der Drachen Geschirr,
Die da in kreisenden Wirbeln
Jubeln um deinen Thron.
Eingeborene, reich an Kindern,
Hehre Göttin der Sterblichen,
Viele Gestalten hast du,
Heilig Prangende, Blühende!
Komm, du Selige, Ewig-reine,
Mit des Sommers Früchten beladen;
Führe den Frieden, die liebliche Ordnung,
Reichtum, Fülle des Segens
Und Gesundheit, die Königin!

Orphischer Hymnos

DIE HEILIGE STRASSE

Seit die Spartaner nach der Befestigung Dekeleias [während des Peloponnesischen Krieges] die Wege nach Eleusis sperrten, mußte der Festzug prunklos zu Schiff dorthin ziehen; alle Opferriten, die heiligen Reigentänze und viele Zeremonien während der Prozession, die sonst bei der Überführung des Iakchos von Athen nach Eleusis üblich waren, mußten notgedrungen unterbleiben. Deshalb schien es Alkibiades eine fromme Pflicht, den Göttern seine Pietät zu erweisen und sich auch bei den Menschen in ein gutes Licht zu setzen. So beschloß er, dem Fest seinen alten Glanz wiederzugeben und den Festzug auf dem hergebrachten Landweg unter sicherer Bedeckung nach Eleusis zu bringen. Wenn Agis sich dann nicht rühre, so wolle er ihn demütigen und zum Gespött der Leute machen, sonst aber vor den Augen aller Athener einen heiligen, gottgefälligen Kampf für ihr ehrwürdigstes Heiligtum kämpfen ...

Er besetzte die hochgelegenen Punkte mit Spähern und schickte mit Anbruch des Tages Aufklärungstruppen voraus. Sodann ließ er die Priester, Mysten und Mystagogen von Bewaffneten in die Mitte nehmen und brachte sie in voller Ordnung und unter feierlichem Schweigen nach Eleusis. Es war ein erhabener, würdiger Anblick, als Alkibiades als Kriegsmann gewaffnet die Prozession geleitete, und seine Freunde verglichen seine Führung mit dem Amt des Hierophanten und der Mystagogen. Der Feind wagte keinen Angriff, und so führte Alkibiades den Zug glücklich wieder nach Athen zurück.

Plutarch

Die Nacht war träumerisch, wir zogen
Hinab des Parnes dunkle Schlucht,
Da grüßt' uns plötzlich weit im Bogen
Eleusis mondbegrenzte Bucht.

Wir sahn Kithärons Gipfel winken,
Und unsrer Rosse Huf betrat,
Die Bergwand rechts, das Meer zur Linken,
Des heil'gen Wegs uralten Pfad.

Hier floß, die Feier zu bereiten,
Das Haupt bekränzt mit Asphodil,
Dereinst der Festzug der Geweihten
Bei Fackelglanz und Flötenspiel

Fromm zu Demeters Heiligtume
Den Strand hinwallten sie die Bahn,
Des Rebenbluts, der Weizenkrume
Tiefdeutig Sinnbild zu empfahn.

„In Flammen wird das Korn zum Brote,
Die Traube gärt zermalmt zum Wein,
Des Lebens Blüte reift im Tode."
So klang das Chorlied durch die Reihn.

So klang's, und tausend Herzen schwollen,
Vom Graus der Schattenwelt befreit,
Getröstet von dem rätselvollen
Gedanken der Unsterblichkeit, –

Da plötzlich hielten unsre Pferde,
Eleusis war erreicht; es bot
Der Gastfreund uns den Platz am Herde,
Und bracht' uns dienend – Wein und Brot.

Emanuel Geibel

Auf der „Heiligen Straße" von Daphni zum Meer befand ich mich mehrere Male dicht vor dem Wahnsinn. Ich rannte wirklich den Berghang hinauf, hielt auf halbem Wege inne und fragte mich entsetzt, was mich so besessen gemacht hatte. Auf der einen Seite ragen Felsblöcke und Büsche in mikroskopischer Schärfe, auf der anderen gibt es Bäume, wie man sie auf japanischen Holzschnitten sieht, in Licht getauchte, berauschende Bäume, die Götter in Augenblicken trunkener Begeisterung gepflanzt haben müssen. Man sollte auf der „Heiligen Straße" nicht in einem Auto dahinrasen – das ist Gotteslästerung. Man sollte wandern, wandern, wie die Menschen des Altertums wanderten, und sein ganzes Ich von Licht durchfluten lassen. Diese Straße ist keine Straße des Christentums, die Füße frommer Heiden haben sie auf dem Weg zur Weihe in Eleusis geschaffen. Dieser Prozessionsweg weiß nichts von Leiden, von Märtyrern, von der Geißelung des Fleisches. Auch heute spricht hier, wie schon vor Jahrhunderten, alles von Erleuchtung, von betörender, freudvoller Erleuchtung. Das Licht nimmt eine übernatürliche Beschaffenheit an, es ist nicht nur das Licht des Mittelmeeres, es ist mehr, es ist etwas Unergründliches, etwas Heiliges. Hier dringt es unmittelbar in die Seele, öffnet die Türen und Fenster des Herzens, läßt einen nackt, bloß, abgeschieden in metaphysischer Glückseligkeit, die alles klarmacht, ohne es zu erklären. *Henry Miller*

DIE MYSTERIEN

In Eleusis ist ein Tempel des Triptolemos und einer der Artemis Propylaia und des Poseidon Pater und der Kallichoron genannte Brunnen, wo die eleusinischen Frauen zuerst zu Ehren der Göttin tanzten und sangen. Das rarische Feld soll zuerst besät worden sein und zuerst Frucht hervorgebracht haben, und deshalb ist es bei ihnen Brauch, von dort die Gerste zu nehmen und daraus Kuchen für die Opfer zu machen. Hier wird auch die sogenannte Tenne des Triptolemos gezeigt und ein Altar. Was innerhalb der Mauer des Heiligtums ist, zu beschreiben, hat der Traum mir verboten, und den Nichteingeweihten, die vom Zuschauen ausgeschlossen sind, ist also nicht einmal das zu erfahren gestattet. *Pausanias*

Den eigentlichen Inhalt des Geheimdienstes und der Geheimlehre zu erforschen, hat man sich vielfach bemüht; aber vollständig sie zu ergründen wird nie gelingen, nicht nur, weil mit größter Gewissenhaftigkeit das Geheimnis bewahrt wurde, sondern wohl noch mehr, weil man sich kein zusammenhängendes System von Lehren darunter denken darf. Es wurde mehr gezeigt als eigentlich gelehrt, mehr durch mystische Symbole auf das Gemüt und die Sinne als durch Lehren auf den Verstand gewirkt. Doch ist nicht zu bezweifeln, daß der Glaube an ein Fortleben nach dem leiblichen Tode, mit Beziehung auf die schaffende Kraft der Natur und die heilige Geschichte der Demeter, einen Mittelpunkt der Mysterien bildeten, wie denn von ihnen gerühmt wird, daß sie den Eingeweihten süßere Hoffnungen für das Ende des Lebens und für die Ewigkeit gäben. Es ist höchst merkwürdig, wie sie fortwährend Gegenstand der heiligsten Ehrfurcht waren. Die attische Komödie, die sonst kaum etwas mit ihrem Spotte verschonte und namentlich auch später eingedrungene Geheimdienste bitter verfolgte, hat sie nie anders als im Tone des frömmsten Ernstes berührt und Aristophanes selbst in seinen „Fröschen" sie glänzend verherrlicht. Alkibiades stürzte von seiner Höhe, als er in den Verdacht kam, die Mysterien verhöhnt zu haben; zurückgekehrt aus langer Verbannung, legte er einen besonderen Wert darauf, die große Prozession, die seit Jahren wegen der Anwesenheit feindlicher Truppen in Attika nicht in regelmäßiger Weise stattgehabt hatte, unter dem Schutze seines Heeres nach Eleusis zu geleiten. Ganz Athen war von frommer Freude ergriffen, als das Fest wieder einmal in seinem vollen Glanze konnte gefeiert werden.

Wilhelm Vischer

Unter den vielen hervorragenden und göttlichen Einrichtungen, die ... Athen geschaffen und dem Leben der Menschen zugeführt hat, scheint keine wertvoller als jene Mysterien, durch die wir aus einem bäuerischen und ungeschlachten Leben zu menschlicher Gesittung gebildet und veredelt worden sind. Und wie ihr Name Einweihungen es andeutet, haben wir wirklich durch sie die Anfangsgründe der Lebensführung erfahren und den Weg gefunden nicht allein zum Leben in Freude, nein auch zum Sterben mit einer besseren Erwartung.

Cicero

DELPHI

Beim olympischen Zeus, o goldene Seherstadt Delphi,
Fleh ich zu dir im Geleit der Charitinnen und Aphrodites,
Nimm in der hochheiligen Festzeit mich auf,
Den Sangespropheten der Musen! ...

Mit dieser Bitte empfahl sich Pindar Delphi, dessen Apollon-Heiligtum zum Sinnbild griechischer Gesittung geworden war.

In der Landschaft Phokis am Fuße der Phädriaden, welche mit ihren steil aufragenden Felswänden zum Bergmassiv des Parnassos gehören, ist eine heilige Stätte seit spätmykenischer Zeit (13. Jahrhundert v. Chr.) nachweisbar. Ursprünglich war es, an einem Erdschlund gelegen, der Erdmutter Gaia geweiht und von dem erdgeborenen Drachen Python bewacht. Mit den von Norden einwandernden Griechen kam in homerischer Zeit (8. Jahrhundert v. Chr.) Apollon nach Delphi und bemächtigte sich dieses Heiligtums, indem er nach der Sage den Python überwältigte. Daher führte er dessen Namen in dem seinen als Apollon Pythios mit. An der Stelle des alten Heiligtums wurde, wohl über einem Erdspalt, im 7. Jahrhundert v. Chr. ein Apollon-Tempel mit Holzsäulen und Holzgebälk errichtet, der im 6. Jahrhundert durch einen Marmorbau ersetzt worden ist. Die zum Tempel führende Heilige Straße wurde von rund 20 Schatzhäusern der griechischen Städte gesäumt, kleinen tempelartigen Bauten, welche die zum Dank für das Orakel gespendeten kostbaren Weihegeschenke bargen. Beherrschend lag der Tempel im Mittelpunkt des Heiligen Bezirkes auf einer großen Terrasse, den Omphalos, ein altertümliches heiliges Steinmal hütend, das Delphi zur Mitte der Welt machte. Als 373 v. Chr. die Tempelanlage durch ein Erdbeben zerstört wurde, trugen zum Wiederaufbau auch außergriechische Staaten bei.

Als Orakelstätte war Delphi schon in archaischer Zeit weltberühmt. Die Künderin der ihr von Apollon eingegebenen Orakel, die prophetische Priesterin Pythia, saß auf einem Dreifuß im Adyton des Tempels und erteilte die Orakelsprüche, die von den Priestern ausgelegt wurden. Auf diese Weise gewann Delphi auch politischen Einfluß.

Auch die seit 582 v. Chr. alle vier Jahre stattfindenden Pythien, athletische und musische Wettkämpfe, verhalfen Delphi zu seiner panhellenischen Bedeutung. Ein Theater und das in den nördlichen Berghang eingebettete Stadion gehörten zum Heiligtum. Im Osten sprudelte und sprudelt noch heute aus einer Bergschlucht die heilige Quelle Kastalia. Ein Gymnasion mit Laufbahn, Palästra und Schwimmbecken wurde auf dem nach Süden abfallenden Gelände errichtet.

Ihm schloß sich in einiger Entfernung talabwärts der Heilige Bezirk der Athena Pronoia, der „Vordenkerin", an mit einem älteren Athena-Tempel des 7. und 6. Jahrhunderts v. Chr. und einem jüngeren des 4. Jahrhunderts v. Chr., Schatzhäusern, einem Rundtempel (Tholos) und Altären.

Hatte Delphi seinen größten Wirkungskreis im 7. und 6. Jahrhundert v. Chr. – seit 590 v. Chr. war es ein autonomer, aristokratisch geordneter Priesterstaat, der durch die Amphiktyonen, die „umwohnenden" Stämme der Heiligen Stadt geschützt war –, so ging der politische Einfluß seit der Mitte des 5. Jahrhunderts v. Chr. zurück, bis Delphi im 2. Jahrhundert v. Chr. fast bedeutungslos geworden war. Im 2. nachchristlichen Jahrhundert verhalf der römische Kaiser Hadrian auch Delphi noch einmal zu einer kurzen Blüte.

DER ORT

Wahrlich, dieser erste Blick auf dies umschlossene, heilige, friedvolle Tal von Delphi muß im Altertum von einer wahrhaft dämonischen Macht gewesen sein! So gewaltig und unerwartet ist er! Sogar jetzt noch, da doch die alte Pracht und religiöse Weihe des Ortes für immer entschwunden sind, ist er noch tiefergreifend. Denke Dir ein enges Felstal, das in seiner Ferne auffallend an das Halbrund eines alten Theaters erinnert. Die Rundung wird gebildet durch eine sanft eingeschweifte Berglehne des Parnaß. Sie ist die Nordseite des Tals. Auf der Ostseite springen schroff zwei riesige Felswände, die sogenannten Phädriaden, vor, und auch die Westseite ist durch einen vorspringenden Felsrücken geschlossen, der zwar niedriger ist als die östlichen Felsen, aber dessen Wirkung verstärkt wird durch die herüberragenden Gipfel der lokrischen und ätolischen Berge. Und auf der Südseite schließt den Halbkreis geradlinig der Zug der Kirphis, an deren Fuß sich der Pleistos durch eine tiefe Schlucht hindurchwindet. Zur Zeit der alten Pracht und Herrlichkeit erhoben sich nun auf der oberen Hälfte des Kreises die Häuser und die heiter strahlenden Tempel stufenweis übereinander wie die Sitzreihen eines Theaters, teils auf natürlichen, teils auf künstlichen Terrassen, von denen einige noch heute zu sehen sind. Auf einer der letzten Stufenreihen lag das alte gottgeheiligte Orakel, das der Stadt Dasein und Ruhm gab, überdeckt von dem kunstreichen Gotteshaus des Apollo, das rings die grünen Bäume des Tempelhaines und hochragende Bildsäulen umgeben. *Hermann Hettner*

Wir kamen erst abends, als eben der Vollmond aufging, in das schaurig erhabene Felstal von Delphi, das in dieser Beleuchtung am allerschönsten war. Hier haben wir uns denn, abgesehen von vielem Ungeziefer, recht gut eingerichtet und lassen uns das Wasser der Kastalia recht gut schmecken. Auch habe ich für Erforschung der Altertümer nach dem gemachten Anfang die besten Erwartungen.
Delphi, den 16ten Julius 1840 *Carl Otfried Müller*

Den Tempel und die Bürgerschaft schirmen nicht Mauern, sondern Felsschroffen, also nicht von Menschenhand, sondern von der Natur geschaffene Schutzwehren, so daß es völlig ungewiß ist, ob hier die natürlich geschützte Lage oder die Majestät des Gottes mehr Bewunderung verdient. Der mittlere Felshang rundet sich zu einem amphitheatralischen Raum. Deshalb pflegt der Schall der Menschenstimmen und der etwa noch hinzukommende Klang der Posaunen vielfach und verstärkt gehört zu werden, indem die Felsen widerhallen und gleichsam einander antworten. Diese Klangfülle flößt meist denen, die den Sachverhalt nicht kennen und vor Bewunderung staunen, einen umso größeren Schauder vor der göttlichen Hoheit ein. In dieser Krümmung des Felshanges befindet sich etwa auf halber Höhe eine kleine Ebene und darin eine tiefe Erdöffnung, der Ursprung des Orakels. Ihr entströmt, wie von Windeskraft hochgerissen, ein kalter Hauch, versetzt den Geist der Seherinnen in einen Trancezustand und zwingt sie, den Fragenden gottbegeistert Antwort zu geben. Daher auch sieht man dort viele reiche Weihgaben von Königen und Staaten, die durch ihre Pracht die dankbare Gesinnung der Weihenden und die Antwort der Götter bezeugen. *Iustinus*

Delphi ist Entrückung des Menschen aus dem pflanzenhaften Sein der Ebene, ist gewaltsame Höhe. Und ist doch zugleich Bestätigung des Menschen durch den Gott. Strenge des Hochtals, Spruch der Seherin, Feier des Gottes und Fest der Gemeinschaft stellen die aufgerührte Ordnung des Ichs wieder her. Delphi ist Mitte auch. Denn über ihm noch liegt der Bereich, wo das Göttliche umgestaltet und nicht zu begegnen auf den Gipfeln der Erde lastet. Eine Stunde nach aufwärts reicht die Gewalt des heiligen Bezirks. In den Fels ist ein Treppenweg geschlagen, oft unvollständig und nur angedeutet, so als hätte ein Wachsen des Gesteins nachträglich das Menschenwerk wieder durchbrochen. Windungsreich führt er zum schmalen Paß der Bergwand, hinter dessen dürrem Einschnitt überraschend eine Hügellandschaft beginnt, Schauplatz der Hirtenseligkeit, herb und sanft. Kleine Wälder wechseln mit mageren Weiden, auf denen einsam stehende, wunderlich gestaltete Lärchen und Tannen das sonnenvergoldete Filigran ihres Astwerks vor dem blaßblauen Himmel strecken. Ziegenherden sammeln sich um die ausgehöhlten Baumstämme der Tränken mit ihrem klaren Bergwasser, von weißbärtigen Hirten mit langen Stäben behütet.

Dann öffnet sich die Hochebene als ungeheure, vom klaren Licht trügerisch verkleinerte Fläche, an deren jenseitigem Rand die kahlen Höhen des Parnaß mit bewaldeten Vorbergen aufragen. *Ernst Wilhelm Eschmann*

Wir sind den steilen Abhang des delphischen Tempelbezirks bis an den obersten Rand emporgeklommen. Ich bin erstaunt, hier, wo aus dem scheinbar Unzugänglichen die rote unzugängliche Felswand sich erhebt, auf eine schöne, eingeschlossene Fläche zu stoßen, hier oben, gleichsam in der Gegend der Adlernester, zwischen Felsenklippen, auf ein Stadion. Es ist still. Es ist vollkommen still und einsam hier. Das schöne Oblong der Rennbahn, eingeschlossen von den roten Steinen der Sitzreihen, ist mit zarten Gräsern bedeckt. Inmitten dieser verlassenen Wiese hat sich eine Regenlache gebildet, darin man die roten Umfassungsmauern des Felsendomes mit vielen gelben Blumenbüscheln widergespiegelt sieht.

Ist nicht das Stadion dann am schönsten, wenn der Lärm der Ringer und Renner, wenn die Menge der Zuschauer es verlassen hat? Ich glaube, daß der göttliche Priester Apolls, Plutarch, oft, wie ich jetzt, im leeren Stadion der einzige Zuschauer war und den Gesichten und Stimmen der Stille lauschte. Es sind Gesichte von Jugend und Glanz, Gesichte der Kraft, Kühnheit und Ehrbegier, es sind Stimmen gottbegeisterter Sänger, die unter sich wetteifernd den Sieger oder den Gott preisen. Es ist der herrlichste Teil der griechischen Phantasmagorie, die hier für den nicht erloschen ist, der gekommen ist, Gesichte zu sehen und Stimmen zu hören ...

Nur im Stadion, und ganz besonders in dem zu Delphi, das über allen Tempeln und allen Altären des Götterbezirks erhaben ist, atmet man jene leichte, reine und himmlische Luft, die unseren Heroen die Brust mit Begeisterung füllte. Der Schrei und Ruf, der von hier aus über die Welt erscholl, war weder der Ruf des Hirten, der seine Herde lockt, noch war es der wilde Jagdruf des Jägers: es war weder ein Racheschrei noch ein Todesschrei, sondern es war der wild glückselige Schrei und Begeisterungsruf des Lebens.

Mit diesem göttlichen Siegesruf der lebendigen Menschenbrust begrüßte der Grieche den Griechen über die Fjorde und Fjelle seines herrlichen Berglands hinweg, dieses Jauchzen erscholl von Spielplatz zu Spielplatz: von Delphi hinüber nach Korinth, von Korinth nach Argos, von Argos bis Sparta, von Sparta hinüber nach Olympia, von dort gen Athen und umgekehrt.

Ich glaube, nur vom Stadion aus erschließt sich die Griechenseele in alledem, was ihr edelster Ruhm und Reichtum ist; von hier aus gesehen, entwickelt sie ihre reinsten Tugenden. Was wäre die Welt des Griechen ohne friedlichen Wettkampf und Stadion? Was ohne olympischen Ölzweig oder Siegerbinde?

Gerhart Hauptmann

DER HEILIGE QUELL

Rein von Herzen betritt den Tempel des lauteren Gottes,
Wenn dir der heilige Quell eben die Glieder benetzt.
Gutem Pilger genügt ein Tropfen, aber dem Bösen
Wüsche Okeanos selbst nicht die Verschuldung hinweg.

Weihwasserspruch

Die gewaltigen Felsen, lotrecht wie Mauern, grau und branstig, sind in ihrer Mitte von einem verjährten Drang der Natur aufgespalten. Aus der Klamm kommt ein kühler, ja kalter Hauch ... Wir stellen uns die Erquickung vor, die den Griechen nach langen Wanderungen durch die Glut südlichen Sommers aus diesem kühlen Felsengrund entgegenkam: aus diesem Grunde, der nicht nur die Kühle eines Kellers, sondern auch die labende Frische der kastalischen Quelle heraufschickt. Hier ist sie, aus der steinernen Kurve springend, eine wirkliche Quelle, des Ruhmes würdig: die Alten mögen sie, die lebengebende, im starrenden und trockenen Berglande verehrt haben wie ein Wunder. Hegten sie die Quelle nicht als den Sitz ihrer Nymphe Kastalia, und schrieben sie dem Wasser nicht die besondere Kraft zu, den Dichter zu begeistern, den Schützling des reinen Gottes Apollon, dem die Quelle geheiligt war? Aus der steinernen Strenge des gebirgigen Griechenlandes, das so wenig fruchtbare Oasen kennt, mag man begreifen, daß die erfrischende, die lösende, Sinn und Seele erquickende Kraft dieser reichlich strömenden Quelle ein ganz besonderer Gegenstand behütender Liebe der Hellenen und eine besondere Stätte weithin wirkender Anziehung gewesen ist. Die ganze Landschaft scheint von dieser Kraft gesegnet: das große Tal zu unseren Füßen, von Osten nach Westen erstreckt, ist unter seinen morgendlichen Bergschatten des Grünen so voll, daß man glauben möchte, auf die Fluren Eichendorffs oder Stifters hinabzuschauen, und daß die Luft, dem Griechischen halb entzogen, beginnt, sich mit der Musik Schuberts anzufüllen.

Von der Quelle, an der die Alten getrunken, mit deren Wasser sie nach langen Wegen sich Hände, Füße, das Gesicht gewaschen haben (nicht viel anders, als es die Türken von Smyrna am Hofbrunnen vor der Moschee zu tun pflegen) – von der Quelle, in die wir unsere Hände bis zum Puls getaucht haben, um auch die

Schläfen zu benetzen, nehmen wir den Weg zurück, zugleich jedoch bergan, um oberhalb des neuen Delphi das alte zu erreichen: den heiligen Bezirk.

Wilhelm Hausenstein

DER TEMPEL

Hier nun, am Fuß des beschneiten Parnassos,
Wo nach Westen sein Hang sich wendet,
aber darüber
Hängt ein Fels, und es zieht darunter
die Tiefe des Waldtals
Rauh dahin, dort plante der Herrscher
Phoibos Apollon
Seinen herrlichen Tempel zu bauen
und sagte die Worte:
„Hier gedenke ich mir fürwahr den herrlichen Tempel
Als ein Orakel den Menschen zu gründen,
daß sie dann immer
Mir vollendete Opfer an diese Stelle geleiten.
Alle, die dort in der Peloponnes, der üppigen hausen,
Die Europa bewohnen und ringsumflossene Inseln,
Holen sich hier Orakel,
und den untrüglichen Ratschluß
Werde ich allen hier
in dem üppigen Tempel verkünden."
Also sprach der Schütze Apollon
und legte den Grundbau
Breit und ungeheuer gestreckt; dann aber darüber
Fügten die steinerne Schwelle
Trophonios und Agamedes,
Söhne des Erginos und lieb den unsterblichen Göttern.
Rings erbauten den Tempel
unzählige Scharen von Menschen
Aus geglätteten Steinen zu ewig gesungenem Ruhme.

Homerischer Rhapsode

Sein Strahlengespann lenkt Helios dort
Helleuchtend bereits an dem Himmel herauf,
Und das Sternheer flieht vor der lodernden Glut
In die heilige Nacht:
Des erwachenden Tags weltfreuenden Kuß
Ihn empfangen bereits des Parnassosgebirgs
Lichtstrahlende flammige Häupter.

Schon fliegt zu dem Dach des Apollon der Rauch
Von der Myrrhe hinan;
Auf heiligen Stuhls Dreifuß auch sitzt
Die Prophetin und singt dem hellenischen Volk
Die erhabenen Sprüche des Phoibos.

Auf, Diener Apolls an den Delpheraltar,
Brecht auf alsbald zu der silbernen Flut
Des kastalischen Quells, und sobald ihr den Leib
In des reinen Kristalls tauperligem Schaum
Gebadet, so eilt in den Tempel zurück:
Dort hütet den Mund andächtig, um stets
Heilkündenden Worts heiltönigen Schall
Den Befragern des Gotts
Mit geziemender Lippe zu künden. *Euripides*

Es heißt..., die Orakelstätte sei eine in die Tiefe gehende Höhle, mit einer nicht gerade weiten Öffnung, aus der ein gottbegeisternder Hauch heraufsteige; über der Öffnung stehe ein hoher Dreifuß; den besteige die Phythia, nehme den Hauch in sich auf und gebe dann göttliche Worte von sich, in Rhythmen und ohne Rhythmen; aber auch diese brächten Dichter, die dem Heiligtume dienten, in ein Versmaß ... Die höchste Ehre nun geschah diesem Heiligtume durch das Orakel, das man als das untrüglichste von allen ansah; freilich trug auch die Lage des Platzes etwas dazu bei. Liegt er doch nahezu in der Mitte von ganz Hellas ...

und, wie man glaubte, auch in der Mitte der ganzen bewohnten Welt, und man nannte ihn ja den Nabel der Erde ... Infolge dieser günstigen Lage Delphis kam man dort leicht zusammen, am meisten die nächsten Nachbarn, die denn auch den Bund der Amphiktyonen bildeten, der über die gemeinsamen Angelegenheiten zu beraten und für den Tempel in allgemeineren Fragen zu sorgen hatte; waren doch dort große Gelder und viele Weihgeschenke aufbewahrt, die sorgfältig bewacht und heilig gehalten werden mußten. *Strabon*

Pindar und die Tragiker schildern: im innersten Tempel, wo sonst das allerheiligste Bildnis des Gottes aufgestellt war, habe zu Delphoi der Omphalos, der Nabel der Erde, gestanden, ein altertümliches Steinmal. Es wurde jeden Tag neu mit einem Geflecht von verknüpften wollenen Bäuschen bedeckt. Was heißt das? Die Dichter sprechen davon nur mit Scheu. Als heiligstes Ding im heiligen Delphoi muß dieses Steinmal ein Geheimnis verbergen. Die Geheimnisse des griechischen Glaubens sind eben nur wie Scherben auf uns gekommen; nämlich, anfangs spricht niemand gerne darüber, und später, wenn die Quellen redseliger werden, sind wiederum die Geheimnisse tot. Die Römer, Meister der Kunst, jedes Ding auf seine platte Seite zu stellen, und stolz darauf, daß es dann so gut steht, haben den heiligen Nabel für den geometrischen Mittelpunkt der Erde gehalten und auf ihr Forum auch gleich einen gesetzt, nach dem sie Straßenmeilen bemaßen. Nun, Römer sind Römer. Aber noch Euripides sagt von dem Stein, die Gorgonen seien um ihn. Ein Nabel, was ist das? Ein Nabel ist nun einmal nichts anderes als die Narbe des Schnitts, der ein Geschöpf von dem mütterlichen Blutstrom abtrennte. Da aber die alte Herrin von Delphoi Gaia, die Erdmutter, war, die erst später der ankommende Gott Apollon – nicht verdrängte, sondern erfüllte, so bezieht sich das altertümliche Steindenkmal sicher auf sie. Also man muß doch verstehen, daß der Fall aus dem Schoß der göttlichen Mutter gemeint war. Geburt als Verstoßung ins Zeitliche, als Verbannung auf Zeit und in Zeit: was wir die Erbsünde nennen. Nur daß sich hier das moralistische Mißverständnis ausschließt, wodurch so viel Dumpfes eingemengt wurde: als sei dabei etwas vermeidbar gewesen wie es die rotangestrichenen Fehler in den Schulheften sind.

Also haben auch sie das Menschsein als schmerzende, blutende Wunde empfunden. Denn es blutet: was soll sonst das Geflecht von Binden bedeuten? Das sind doch ursprünglich Verbände.

Die Wunde der angeborenen Trennung, sie blutet und wird nur in der Gegenwart Apollons geheilt. Nur im Sturz in die Arme des Gottes, nur im Orakel wird das Bluten für Augenblicke gestillt. *Erhart Kästner*

DER GOTT

Phöbos, Sprosse des Zeus, Sohn Letos, nimmer im Anfang
Laß mich und nimmer am Schluß
deiner vergessen im Lied;
Sondern zuerst und zuletzt und inmitten
will ich dich preisen,
Doch du neige das Ohr, Herr, und gewähre mir Heil!

Theognis von Megara

Apollo – das ist das Licht. Seine Stätte auf dem Festlande ist Delphi, die „goldene Seherstadt". Er ist der Entsühnende, Heilende, das Übel Bannende, Gott der Dichter und Musikanten, Gott des Geheimnisses, der durch den Mund der Pythia sprach. Sein Tempel, das Theater, der Tholos, die großgeartete Landschaft – die

Griechen des festen Landes wußten, weshalb sie hier den geweihten Ort ihres hellsten Gottes erkannten. Nirgends nimmt das Christentum Bezug auf Zeus – den Zebaoth der Griechen –; aber wenn in frühchristlicher Zeit Christus gerühmt wird, so heißt es von ihm: er sei der „wahre Apollo" oder der „wahre Orpheus", jener Orpheus, der ein Jünger Apollos war. *Rudolf Hagelstange*

So war das Heiligtum von Delphi durchaus zwei Göttern zugetan, und wenn der geistige Einfluß dem Apollon zufiel, so kam die Anteilschaft des Dionysos in den kultischen Formen, besonders aber auch in der brausenden Freude und dem festlichen Gepränge der Feiern und Spiele zum Ausdruck. Die ursprüngliche Vielseitigkeit der hellenischen Seele konnte sich nicht deutlicher manifestieren als in diesem fast erschreckenden Doppelaspekt, über den man noch sehr viel mehr sagen könnte, ohne ihn je zu erschöpfen.

Natürlich haben die Griechen selber diesen Gegensatz oder seine Zusammenfassung niemals überlegend und bewußt empfunden oder gar formuliert, denn es ist ja eben das Große bei allen schöpferischen Naturen (und das waren die Hellenen kollektiv genommen alle), daß sie rein intuitiv den Weg zu solchen erstaunlichen Lösungen fanden. Delphi ist in Glaube und Kult der Ausdruck der höchsten geistigen Potenz des Hellenentums. Es war wirklich „Der Nabel der Welt", wenn auch in weit höherem Sinne, als dies rein äußerlich gelehrt und gezeigt wurde. *Thassilo von Scheffer*

Apollo, als der Gott aller bildnerischen Kräfte, ist zugleich der wahrsagende Gott. Er, der seiner Wurzel nach der „Scheinende", die Lichtgottheit ist, beherrscht auch den schönen Schein der inneren Phantasie-Welt. Die höhere Wahrheit, die Vollkommenheit dieser Zustände im Gegensatz zu der lückenhaft verständlichen Tageswirklichkeit, sodann das tiefe Bewußtsein von der in Schlaf und Traum heilenden und helfenden Natur ist zugleich das symbolische Analogon der wahrsagenden Fähigkeit und überhaupt der Künste, durch die das Leben möglich und lebenswert gemacht wird. Aber auch jene zarte Linie, die das Traumbild nicht überschreiten darf, um nicht pathologisch zu wirken, widrigenfalls der Schein als plumpe Wirklichkeit uns betrügen würde – darf nicht im Bilde des Apollo fehlen: jene maßvolle Begrenzung, jene Freiheit von den wilderen Regungen, jene weisheitsvolle Ruhe des Bildnergottes. Sein Auge muß „sonnenhaft", gemäß seinem Ursprunge, sein; auch wenn es zürnt und unmutig blickt, liegt die Weihe des schönen Scheines auf ihm. Und so möchte von Apollo in einem exzentrischen Sinne das gelten, was Schopenhauer von dem im Schleier der Maja befangenen Menschen sagt ...: „Wie auf dem tobenden Meere, das, nach allen Seiten unbegrenzt, heulend Wellenberge erhebt und senkt, auf einem Kahn ein Schiffer sitzt, dem schwachen Fahrzeug vertrauend; so sitzt, mitten in einer Welt von Qualen, ruhig der einzelne Mensch, gestützt und vertrauend auf das *principium individuationis.*" Ja es wäre von Apollo zu sagen, daß in ihm das unerschütterte Vertrauen auf jenes *principium* und das ruhige Dasitzen des in ihm Befangenen seinen erhabensten Ausdruck bekommen habe, und man möchte selbst Apollo als das herrliche Götterbild des *principii individuationis* bezeichnen, aus dessen Gebärden und Blicken die ganze Lust und Weisheit des „Scheines" samt seiner Schönheit zu uns spräche. *Friedrich Nietzsche*

Wenn die Winterstürme im Gebirge tobten und der Schnee den Stein bedeckte, strömten in jedem zweiten Jahr aus allen Gauen Griechenlands von Herd und Webstuhl weg die begeisterten Frauen zusammen, jede männliche Begleitung erbittert vertreibend, und zogen durch das winterstille Delphi den Höhen zu. In Fuchs- und Rehfelle gekleidet, über die weißflockige Wollschnüre fielen, Stierhörner auf den Häuptern, in der Hand die bekränzte Lanze, stürmten sie durch die Wälder und Hochflächen des Parnaß auf der Suche nach dem verlorenen Gotteskind. Nächtlich bei Fackelschein, hielten sie ihre Feiern auf den Bergwiesen unter dem Schmettern der Becken, dem dunklen Grollen der Pauken und dem schrillen, aufreizenden Zweiton der Doppelflöte ... In den kurzen Wochen der dionysischen Schwärmerei scheint ein früherer Zustand der Welt, das Reich der mütterlichen Fruchtbarkeit, wieder ans Licht gestiegen. Wunder geschehen: aus den Trauben quillt Blut, Milch und Honig entströmen dem Boden. Dionysos ist, mag er auch Apollon gegenüber als der jüngere erscheinen, in Wahrheit der Ältere. Denn seine Erscheinung nährt sich aus den Mächten der Erdgöttin.

Aber die Feier des Dionysos ist in den Kult Delphis einbezogen: die große Waage muß im Gleichgewicht erhalten werden. Während am Tag der Wintersonnenwende die von Dionysos begeisterten Frauen in der Freiheit der kältestarren Berge schwärmen, halten die Priester des Lichtgottes im innersten Heiligtum eine geheime Begehung, die jene schwärmerische Feier in sich faßt. Im ungeheuren Bündnis von Rausch und Licht wirkt der Geist als Hüter der bluthaft andrängenden Kräfte. *Ernst Wilhelm Eschmann*

DAS ORAKEL

„Kroisos, König der Lyder und anderer Völker, hat in der Meinung, daß hier allein in der Welt wahre Orakelsprüche erteilt werden, Geschenke gesandt, wie sie eurer Weisheit würdig sind, und fragt nun an, ob er gegen die Perser zu Felde ziehen und ob er Bundesgenossen für den Feldzug suchen soll." So fragten sie [die Lyder], und beide Orakel erteilten die gleiche Antwort und verkündeten, wenn Kroisos gegen die Perser zu Felde zöge, würde er ein großes Reich zerstören. Und er sollte erfragen, welches der mächtigste Staat in Hellas sei, und einen Bund mit ihm schließen.

Als Kroisos diese Orakelsprüche erfuhr, war er voller Freude und hoffte bestimmt, er werde das Königreich des Kyros zerstören. Er sandte noch einmal nach Pytho und beschenkte das Volk in Delphi, dessen Zahl er sich hatte sagen lassen. Jeder Mann erhielt zwei Stateren Goldes. Dafür gaben die Delpher Kroisos das Vorrecht bei der Befragung des Orakels sowie Zahlungsfreiheit und den Vorsitz, und jeder Lyder sollte Bürger von Delphi werden können für ewige Zeiten. *Herodot*

Unser lieber Apollon, so scheint es, heilt zwar die Nöte des Lebens und löst seine Fragen, indem er den Orakelsuchenden Antwort erteilt; die Probleme der Erkenntnis aber überläßt er dem philosophisch Begabten und gibt sie ihm auf, indem er seiner Seele einen Trieb einpflanzt, der ihn zur Wahrheit leitet. *Plutarch*

DIE WEIHGESCHENKE

Von den Siphniern wurde aus folgendem Grunde ein Schatzhaus gebaut. Die Insel Siphnos besaß Goldbergwerke, und der Gott befahl ihnen, von den Einkünften den Zehnten nach Delphi abzuliefern. Die bauten also das Schatzhaus und lieferten den Zehnten ab. Als sie aber aus Habsucht die Ablieferung unterließen, überschwemmte das Meer die Bergwerke und ließ sie verschwinden ... Das Schatzhaus der Thebaner stammt aus Kriegsbeute und ebenso das der Athener; von den Knidiern weiß ich nicht, ob sie es wegen eines Sieges bauten oder zur Schaustellung ihres Reichtums, während das Schatzhaus der Thebaner von der Schlacht bei Leuktra und das der Athener aus ihrem Siege über die mit Datis bei Marathon Gelandeten stammt ...

Von den Delphern selber stammt ein Weihgeschenk in der Nähe des großen Altars, ein bronzener Wolf. Man erzählt, daß einmal ein Mensch Schätze des Gottes geraubt habe, er habe sich dann zusammen mit dem Golde verborgen gehalten, wo der Parnaß am dichtesten mit wilden Bäumen bestanden war, und ein Wolf habe ihn im Schlaf angegriffen, und er sei von dem Wolf getötet worden, und daß der Wolf dann täglich in die Stadt kam und heulte. Da sie nun meinten, daß ihnen das nicht ohne göttliches Zutun geschehe, so folgten sie dem Tier und fanden das heilige Gold und stellten dem Gott einen bronzenen Wolf auf. *Pausanias*

Noch wundersamer aber sollte mir werden, als wir wieder auf das Ruinenfeld, in den Sonnenbrand hinaustraten. Ein Zusammenlauf der grabenden Arbeiter zog uns an eine Stelle, wo zwischen tief verschütteten Mauern die Reste einer durch Erdbeben oder den Zusammenbruch von brennenden Gebäuden zerschmetterten Wasserleitung freigelegt wurden. Da hatte man soeben aus den festgebackenen Lehmschichten, unter zwei Marmorblöcken, die das Glück zu einer Art von Überdachung gegeneinander geschoben hatte, die Zehen eines lebensgroßen, offenbar männlichen Bronzefußes hervorragen gesehen. Dort lag also, unwürdig begraben, ein Gott oder ein König oder sonst ein Held, und die feierliche Stunde seiner Auferstehung war gekommen ... Mit sanftem, tastendem Angriff räumten jetzt Hacken und Pickel noch einige Steine fort und wälzten die gröberen Erdklumpen zur Seite; dann faßten die Hände selbst in den Schutt, und Zoll für Zoll entwirkte sich das ehrwürdige Gebilde.

Da liegt der eine Fuß vollständig am Tage: nackt, trotz seiner Decke von Edelrost und Schmutz schon kenntlich als ein scharf geformtes, realistisches Kunstwerk von hohem Werte und hohem Alter. Dicht daneben, fast parallel zu ihm gestellt, findet sich der zweite, und gleich über den Knöcheln setzten die regelmäßigen Falten eines rockartigen Gewandes an, dessen unterer Saum wahrscheinlich mit leichten Mustern verziert ist. Als wäre sie ein neugeborenes Kindlein, so sorgfältig fährt nun der Vorarbeiter in seiner Behandlung der Statue fort ... Langsam, langsam, unter wachsender Spannung aller Zuschauer rückt die Befreiung vor; an den strengen, starren Rockfalten aufwärts ist jetzt der Gürtel erreicht. Wird auch die obere Hälfte des Rumpfes, werden Arme und Kopf ganz glücklich erhalten sein? Da, ein Aufschrei des Bedauerns! Gleich oberhalb des Gürtels, wo der Leib seine schmalste Stelle, besonders bei den Kunstwerken des archaischen Stiles, hat, setzt das Erz in scharfem Bruche ab, und die leider halbierte Statue, ein trauriger Anblick, läßt sich mühelos aus ihrer Gruft heben. Da lehnt sie denn an der nächsten Mauer; aber auch in dieser Verkümmerung ist sie bedeutend und gleichsam voll Leben, ein aufregender Gegenstand der Betrachtung und zahlloser Fragen und Vermutungen ...

Nicht gar weit von dem Lagerplatze der Beine in ihrem Faltenrock findet sich auf einmal der übrige Körper der Figur, und, den Göttern sei Dank! bis auf die eine Hand ist er unverletzt! An seinen breiten Schultern sitzen sehnige Arme, die sich gleichmäßig vorstrecken wie die eines Wagenlenkers, und der Hals trägt einen Kopf mit reichen, schön geordneten Haaren, und auch er blieb verschont, und der volle Blick seiner aus Onyx und Smalto eingesetzten Augen und sein fremdes, unbeschreibliches Lächeln begrüßen die goldene Sonne, die ihn vor Hunderten und Hunderten von Jahren zuletzt bestrahlte, vielleicht noch an dem nämlichen Tage, da dieser eherne Sieger im Wettkampf (denn einen solchen stellt das Werk doch wohl vor) von seinem Viergespann stürzte und berstend in der Zerstörung rings um ihn her verschwand. *Wolfgang von Oettingen*

KORINTH

Wo ließe sich in ganz Hellas irgend etwas mit Korinth vergleichen? Man sieht es noch jetzt dem Orte an, daß die Stadt, die dort gestanden, fähig gewesen wäre, gleich Rom oder Karthago das Gewicht der Weltherrschaft zu tragen ...

Mit romantisch verklärtem Blick reiste in der Mitte des vorigen Jahrhunderts der Rechtshistoriker und Altertumsforscher Johann Jakob Bachofen durch Griechenland. Auf seiner „Griechischen Reise“ kam er auch nach Korinth, wo er beim Anblick der Ruinen diese einst so reiche und mächtige griechische Handelsstadt in ihrem alten Glanz vor seinem geistigen Auge wiedererstehen ließ.

Dank der geographisch so günstigen Lage an der Landenge (Isthmos) zwischen Saronischem und Korinthischem Golf, also an den beiden Meeren, die den Seehandel nach Ost und West ermöglichten, wuchs Korinth rasch zu einer der bedeutendsten Handelsstädte Griechenlands heran. Die quellenreiche, fruchtbare Ebene am Fuße des uneinnehmbaren Burgberges Akrokorinth trug das Ihrige zur Blüte einer Stadt bei, in welcher Kunst und Handel vom 8. bis zum 6. Jahrhundert den Höhepunkt erlebten.

Seit dem 5. Jahrtausend besiedelt, erfolgte die eigentliche Stadtgründung erst im 9. vorchristlichen Jahrhundert durch dorische Griechen. Zahlreiche Koloniegründungen vergrößerten die Macht der Stadt, die dank ihrer stattlichen Flotte und der zwei Häfen (Lechaion und Kenchreai) umfangreichen Handel trieb. Doch in der zweiten Hälfte des 6. Jahrhunderts v. Chr . konnte Athen der bis dahin fast konkurrenzlosen Stadt wirtschaftlich und kulturell den Rang ablaufen. Seither stand Korinth im Schatten Athens, bis es 146 v. Chr. von dem Römer Mummius gänzlich zerstört wurde.

Dieser Zerstörung und dem römischen Wiederaufbau Korinths ist es zuzuschreiben, daß sich nur wenige Reste von Bauten aus griechischer Zeit erhalten haben. So der ehrwürdige dorische Apollon-Tempel aus dem 6. Jahrhundert v. Chr., dessen auf dem Hügel oberhalb des Marktes stehen gebliebene Säulen in ihrer Wucht ungemein beeindruckend sind. Am Nordrand der Stadt, nahe der Lerna-Quelle, wurde am Ende des 4. Jahrhunderts v. Chr. über einem älteren Apollon-Heiligtum ein dem Asklepios geweihter Bezirk errichtet. Die ehemals 10 Kilometer lange Stadtmauer hat sich am besten auf Akrokorinth erhalten. Dort befand sich das Heiligtum der waffentragenden Aphrodite, in deren Tempel korinthische Kurtisanen heilige Prostitution betrieben. Unweit dieses Heiligtums am Rande des Burgberges lag das Brunnenhaus der oberen Peirene-Quelle. Als untere Peirene entsprang diese Quelle ein zweites Mal am Beginn der breiten zum Hafen Lechaion führenden Prachtstraße. Diese in römischer Zeit angelegte Lechaion-Straße nahm ihren Anfang am Markt und war auf beiden Seiten von Säulenhallen, Thermen und verschiedenen anderen öffentlichen Gebäuden gesäumt. Westlich des Marktes lagen in einer natürlichen Mulde das Theater von Korinth, mit dessen Bau bereits im 5. Jahrhundert v. Chr. begonnen worden war, und das Odeion aus der Zeit des Kaisers Hadrian (2. Jahrhundert n. Chr.).

Auf dem Isthmos befand sich ein Heiligtum des Erderschütterers Poseidon. Nahe bei diesem fanden in einem Pinienhain alle zwei Jahre sportliche und dramatische Wettkämpfe, die „Isthmien", statt. Auch diese Spiele machten Korinth über seine sonstige Bedeutung hinaus zu einem Anziehungspunkt für zahlreiche Besucher aus allen Teilen Griechenlands.

DIE STADT

Ich will kennenlernen
Das gesegnete Korinth, des isthmischen
Poseidon Vorhalle, das jünglingsstolze.
Denn darin wohnen Wohlgesetzlichkeit und ihre Schwestern, der Städte sicherer Grundstein,
Recht und ihre Milchschwester Friede, den Männern die Walterinnen des Reichtums, die goldenen Kinder der wohlratenden Themis.

Pindar

Welcher Augenblick, als zuerst die runde Kuppel der mächtigen Akrokorinth mit den Wällen, die ihren Scheitel umziehn, in dem Gold der letzten Sonnenstrahlen unserm Auge erschienen. Die bloße Erinnerung daran kann, für eine Weile wenigstens, die düstersten Augenblicke erhellen. Von allen Bildern, mit welchen Griechenland mein Inneres bereichert, ist dies das größte. Auf dem Höhepunkt des Isthmus angelangt, hielten die Pferde, wie von selbst, eine Weile inne. Da eröffnet sich nach rechts und links der Blick über beide Meere, das Korinthische und das Saronische, und vor uns steht, sich allmählich auf dem Erdreich erhebend, auf breiter grüner Grundlage, ein Bild der Kraft und Schönheit, die Kuppelform jenes mächtigen Berges, an dessen unterstem Abhang sich das Städtchen nach dem Meere hin ausdehnt. Wie ein gewaltiger Riese lagert er sich hier am Eingang des Landes, schützt und schirmt es gegen jeden Angriff und spottet für sich jeglicher Gefahr. *Johann Jakob Bachofen*

Die Straße steigt leicht bergan; uns gegenüber erhebt sich ein kompaktes pastetenartiges Gebilde am Horizont: das ist Akrokorinth; rechts der ganz weiße Helikon. Am höchsten Punkte sieht man mit Leichtigkeit die beiden Meere.

Das Land bietet dem Auge einen üppigen Anblick, Akrokorinth liegt etwas nach links; weiterhin grüne Massen, die sich von Norden nach Süden ziehen; es sind ferne Olivenhaine; der Golf von Korinth wird breiter.

Kleines Dorf Hexamilia. – Die Straße führt bergab, Korinth liegt am Fuße von Akrokorinth, das steil dahinter aufragt; auf der anderen Seite der Bucht, Korinth gegenüber, etwas nach rechts Lutraki unten am Gebirge.

Wir reiten quer durch Ackerland ... Wir kommen über Felsen, wir betreten Korinth.

Korinth. – Nichts! nichts! Wo bist du, Lais? Wo ist dein Grab, mit der Löwin darauf, die einen Widder in ihren Pranken hielt?

Inmitten der Stadt, an ihrer höchsten Stelle, sieben Säulen in sehr plumpem altdorischem Stil, aus einer einzigen Trommel; der graue Stein ist von häßlicher Farbe. Sie sind durch Löcher sehr zerstört, die letzte der fünf hat ihr Kapitell neben sich wie die von Sardes; ein runder Wulst am Kapitell.

Die Berge Korinth gegenüber steigen allmählich von links beginnend an in aufeinanderfolgenden Zügen, deren Umrißlinie gezackt ist.

Heute einer der guten Tage der Reise, der zutiefst gefühlten, am innigsten genossenen ... *Gustave Flaubert*

So blühend und mächtig das alte Korinth als Handels- und Fabrikstadt gewesen war, so fehlte ihm das, was seine glückliche Nebenbuhlerin Athen vor allem großgemacht hat, eine der materiellen entsprechende geistige Entwicklung. Alles, was zum sinnlichen Lebensgenuß gehört, fand man in Korinth, alle die Künste, die für die Bequemlichkeit des Lebens und den Luxus arbeiten, wurden schwunghaft betrieben; man lebte ohne Zweifel in Korinth viel komfortabler als in Athen zur Zeit des Perikles, der an den Athenern rühmt, daß sie das Schöne ohne Luxus liebten. Auch die musischen und bildenden Künste haben sich lebhafter Teilnahme und Pflege zu erfreuen gehabt; doch bemerkt man deutlich die vorherrschende Richtung auf die praktische Anwendung, und eigentlich schöpferisch ist die korinthische Kunst doch nur in der älteren Zeit gewesen. Damals entwickelte sich hier besonders der Tempelbau; aber auch in Bildnerei und Malerei wurde Bedeutendes geleistet, und noch ausgezeichneter war

Korinth in der Erzeugung kunstreicher Geräte aller Art in Ton und Metall; das korinthische Erz war hochberühmt. Für die dem materiellen Lebensgenuß ferner stehenden redenden Künste und Wissenschaften dagegen war Korinth kein günstiger Boden. *Wilhelm Vischer*

Was ist heute Korinth? Eine uralte Platane, darunter ein paar Tische mit Stühlen; sie gehören zum Kaffeehaus einiger Häuser. Gleich daneben beginnen Ruinen. Der prachtvolle Baum stirbt zur Hälfte ab, und zwar dem neuen Ort zu: Über den Säumen der alten Stadt aber verheißen sich die Stämme noch manches grünende Frühjahr. Nun, im August, sind die Platanenblätter schon so sonnengoldig wie die Öde, wo dereinst das üppige Korinth glühte. Darum unterschied ich den Baum aus der Ferne ebenso lange nicht wie die sieben noch ragenden Säulen des Apollotempels. Beschwörenden Fingern gleich, zeigen sie in den Himmel: umsonst, das nächste Erdbeben dürfte auch diese aufrechten Wahrzeichen des reichsten Stapelplatzes von Hellas fällen! Werden also noch kommende Geschlechter Recken aus wahren Riesenblöcken vor sich sehen? Die meisten liegen ja, erschütternde Trümmer, halbverschüttet über den Boden verstreut. Gleich daneben die Quelle Glauke ist ein Meißelwerk in Fels: aus der Erde wie ein Findling, in den sich Menschen hineingebohrt, ragt sie empor.

Wer weiß, ob das korinthische Kapitell hier geschaffen ward? Hat man nicht das erste für Iktinos' Tempel über Phigalia gemeißelt? Kein ausgesprochenes, wie wirs uns vorstellen, liegt in den Fundstätten herum, wohl aber standen einst Pilaster mit sehr lebendigem Akanthusgerank um den Markt; Locken oder Flechten überlebensgroß ausgehauener Fremdlinge, Gallier und Asiaten mit phrygischen Mützen, ringelten und verspannen sich im Blattwerk. Diese Marmornen blickten einer sanftgestuften Freitreppe, die zum Hafen Lechaion führte, nach. Dort unten funkelte zu den Blauäugigen das türkishafte Meer. In den Fels gekerbt, von Säulen stolz umbaut, sprudelte an dieser feierlichsten Stelle von Korinth die Quelle Peirene. *Theodor Däubler*

DIE QUELLEN

Geht man vom Markt die Straße nach Lechaion hinaus, sieht man Propyläen und darauf vergoldete Wagen ... Etwas weiter außerhalb von den Propyläen steht rechts ein bronzener Herakles, danach kommt der Eingang zur Quelle Peirene. Darüber erzählt man, daß die Peirene wegen ihrer Tränen aus einem Menschen zur Quelle geworden sei, als sie ihren Sohn Kenchrias beweinte, der von Artemis versehentlich getötet worden war. Die Quelle ist mit Marmor ausgestattet, und es sind Kammern wie Höhlen gebaut, aus denen das Wasser in einen freiliegenden Brunnen fließt, süß zu trinken. *Pausanias*

Der hohe Berg heißt Akrokorinthos, und seine nördliche Seite ist die steilste; unter ihm aber liegt die Stadt auf einer ein ungleichseitiges Viereck bildenden Fläche hart am Fuße von Akrokorinthos; ... sie war, soweit sie nicht vom Berge geschützt war, ummauert. In dieser Ringmauer war aber auch der Berg Akrokorinthos selbst, soweit er Mauerwerk aufnehmen konnte, mit inbegriffen; und auch mir waren beim Hinaufsteigen die Trümmer der Mauerlinie noch deutlich erkennbar ... Der Gipfel hat einen kleinen Tempel der Aphrodite, unter dem Gipfel aber ist die Quelle Pirene, die zwar keinen Abfluß hat, aber stets voll klaren und trinkbaren Wassers ist. Man behauptet, daß sich sowohl aus ihr, wie aus einigen anderen unterirdischen

11. Korinth und Akrokorinth: Blick auf die Überreste des dorischen Apollon-Tempels, der an der Stelle eines Vorgängerbaues aus dem 7. Jahrhundert v. Chr. um 540 v. Chr. errichtet wurde. Im Hintergrund die Akropolis von Korinth, Akrokorinth, die zusammen mit der Stadt von einer 10 km langen Stadtmauer eingeschlossen war. Auf dem Plateau des Berges befanden sich einst ein Aphrodite-Heiligtum und das Brunnenhaus der oberen Peirene-Quelle.

12. Carl Rottmann: Sikyon – Korinth. Enkaustik auf Steinguß. 1838/39. München, Neue Pinakothek.

„Wetteifernd um den Glanz mit Corinth war Sikyon nächst jener Stadt die hervorragendste Perle im lepantischen Golf."

13. Carl Rottmann: Nemea. Enkaustik auf Steinguß. 1850. München, Bayerische Staatsgemäldesammlungen, Staatliche Antikensammlungen.
„Wir begegnen hier, bei den Ruinen eines dorischen Tempels, der einst dem Jupiter ge-

heiligt war, König Ludwig von Bayern." Dargestellt ist jener Moment, in welchem der König während seiner Griechenland-Reise von 1835 bis 1836 von einer griechischen Gesandtschaft feierlichst in Nemea empfangen wird.

14. Carl Rottmann: Mykene – Löwentor. Enkaustik auf Steinguß. 1838. München, Bayerische Staatsgemäldesammlungen.

„Rottmann konnte bei der Auswahl der durch die Geschichte wichtigsten Landschaften Griechenlands unmöglich an Mycenä vorübergehen. An Mycenä knüpft sich die in das Mythenalter hinaufreichende Geschichte der Atriden."

15. Das Löwentor von Mykene: Das um 1250 v. Chr. errichtete Tor war der Haupteingang zur Burg. Als ein bedeutendes Beispiel der mykenischen Kunst zeigt das Relief, das erste monumentalplastische Werk auf griechischem Boden, zwei Löwen im Wappenschema, die sich auf einer Basis, einem Altar, aufrichten. Zwischen ihnen steht eine Säule, vielleicht die bildlose Verkörperung von Hera, der Schutzgöttin von Mykene.

Wasseradern die Quelle am Fuße des Berges hervordränge, die in die Stadt abfließt, so daß man hinlänglich aus ihr schöpfen kann. Aber auch an Brunnen ist Überfluß in der Stadt. *Strabon*

Neben der günstigen Lage war einer der Hauptvorzüge der Stadt, den sie mit der Burg teilte, der schon im Altertum gepriesene Wasserreichtum. Das Wasser, welches der Fels in seinem Innern birgt, dringt durch unterirdische Gänge in der unteren Stadt in zahlreichen Quellen hervor, die zu benutzen und zu einer Zierde der Stadt zu machen, die alten Korinther wohl verstanden. Kunstreiche Brunnen und prächtige Badeanstalten werden unter den bewunderten Werken der Stadt genannt und noch sieht man eine Menge Öffnungen von Ziehbrunnen, die, unter Gras und Blätter versteckt, ein vorsichtiges Durchwandern des Stadtbodens nötig machen. Eine der stärksten Quellen sah man für den Abfluß der Pirene an. Sie war in Marmor gefaßt und von grottenartigen Räumen umgeben, ein Lieblingsplatz der Korinther und das Wasser wegen seiner Vortrefflichkeit berühmt. Man erkennt sie in einer noch jetzt durch Fülle und Lieblichkeit ausgezeichneten Quelle am nördlichen Absturze der Stadtterrasse. Die Felsen bilden fast einen gegen Norden geöffneten Halbkreis und hängen so über, daß sich unter ihnen Grotten hinziehen. Durch mehrere Gänge quillt und tropft unter Moos, Kräutern und Schlingpflanzen reichliches Wasser vom angenehmsten Geschmack hervor. Die davor sich ausbreitende Fläche, durch welche das Wasser abfließt, hat eine reiche Vegetation. Zur türkischen Zeit hatte hier der Korinth und die Umgebung regierende Bey ausgedehnte, prächtige Gartenanlagen, und östlich über der Quelle stand auf der äußersten Terrasse, die durch eine Marmortreppe mit den Grotten verbunden ist, sein Serail, von dem wenig mehr zu sehen ist; da und dort liegen noch einige Stücke kleiner antiker Säulen späterer Zeit, aus grün und weiß gestreiftem Marmor. *Wilhelm Vischer*

DER BURGBERG

Der Blick von Akrokorinth umfaßt zwei Meere mit vielen Inseln, die Schneegipfel des Parnaß, die Berge von Achaia: das Licht schafft etwas aus diesem allem, eine Ordnung, die das Herz beseligt; wir haben kein besseres Wort dafür als Musik: aber es ist mehr als Musik. – Welche Lektion gibt dieses Licht dem denkenden Betrachter! Keine Übertreibung, keine Mischung – erblicke jedes für sich, aber erblicke es in seiner ursprünglichen Reinheit. Sondere nicht, dränge nicht eins zum andern: es ist alles gesondert, alles verbunden; bleibe gelassen: atme, genieße und sei.

Hugo von Hofmannsthal

Eine Burg steht auch auf dem kahlen, metallisch schimmernden Felsen oberhalb Korinths, der Akrokorinth. Zu seinen Füßen unten am Meer der Korinthischen Bucht, das lieblich wie Aphrodite ist, glänzt der heilige Bezirk, in dem einst die antike Stadt der Liebeswonne von Kaufleuten, Lebemännern und geschminkten Frauen erfüllt lärmte.

Heute ist Aphrodites Tempel mit den tausend Priesterinnen verschwunden und auch der solide Tempel Athenas, der „zaumanbringenden“, die Bellerophon half, den Pegasus zu zähmen durch das Anlegen des Zaumes. Eins ist noch auf diesem nun öden und kahlen Fels übrig geblieben: die heilige Quelle, Peirene, die der Pegasus durch einen zornigen Fußtritt hat aufspringen lassen. Bellerophon bezaubert durch sein hochmütiges, hartes Schicksal alle diejenigen, die entgegen der griechischen Weisheit nach den unmöglichen Dingen trachten. Er hatte sich auf das furchterregende Ungeheuer der Dichtung gesetzt, doch hatte er dabei das Geschenk der Göttin der Vernunft, Athena, den Zaum, vergessen. Und so, ohne Zügel, nur den Flügeln seines Rosses vertrauend, hatte er sich angemaßt, den Himmel im Ansturm zu erobern. Und Zeus, der Gott der Ordnung, stürzte ihn vom Pegasus auf die Erde hinab. So irrte nun Bellerophon erblindet und lahm durch diese dürstende Korinthische und Argivische Bucht.

Nikos Kazantzakis

Ihr vielbesuchten Mädchen, Dienerinnen
Der Peitho im reichen Korinth,
Die ihr des gelben Weihrauchs blonde Tränen
Dampfen laßt und häufig zur Mutter der Liebe
  im Himmel flattern
Laßt die Gedanken, zu Aphrodite:
Euch gewährt sie ohne Vorwurf,
O Kinder, in liebeswarmen Betten
Wonniger Stunden Frucht zu brechen.

Pindar

DIE SPIELE

Wegen der günstigen Lage auf der Brücke zwischen Nordgriechenland und dem Peloponnes, dicht an zwei Meeren und in der Nähe einer großen Handelsstadt, zogen die Isthmien zahlreiche Besucher aus allen Ländern hellenischer Zunge an und in noch höherem Grade als an anderen Orten mag hier mit dem Feste eine Messe verbunden gewesen sein. Besonders besuchten die Athener dieses Fest gern, an dem sie alte, auf des Theseus Anordnung begründete Vorrechte besaßen. Auch zu politischen Zusammenkünften und Manifestationen benutzte man den Ort gern, wie die Abgeordneten der griechischen Staaten während der Perserkriege hier tagten, Alexander der Große sich hier die Feldhauptmannschaft über alle Griechen übertragen ließ, endlich der römische Konsul Titus Quinctius Flaminius nach Besiegung des Königs Philippos von Makedonien hier den erstaunten Griechen die Wiederherstellung der Freiheit verkündigen ließ. *Wilhelm Vischer*

Zum Kampf der Wagen und Gesänge,
Der auf Korinthus' Landesenge
Der Griechen Stämme froh vereint,
Zog Ibykus, der Götterfreund.
Ihm schenkte des Gesanges Gabe,
Der Lieder süßen Mund Apoll;
So wandert er, an leichtem Stabe,
Aus Rhegium, des Gottes voll.

Schon winkt auf hohem Bergesrücken
Akrokorinth des Wandrers Blicken,
Und in Poseidons Fichtenhain
Tritt er mit frommem Schauder ein.
Nichts regt sich um ihn her, nur Schwärme
Von Kranichen begleiten ihn,
Die fernhin nach des Südens Wärme
In graulichtem Geschwader ziehn.

Friedrich von Schiller

Als die Hellenen auf dem Isthmos von Korinth eine Konferenz abhielten und den Zug gegen Persien unter Alexanders Führung beschlossen, wurde er zum obersten Heerführer ausgerufen. Bei dieser Gelegenheit machten ihm viele Politiker und Gelehrte Aufwartung, um ihm ihre Glückwünsche zu sagen. Alexander erwartete, daß auch Diogenes von Sinope, der sich eben in Korinth aufhielt, ein Gleiches tun würde. Aber er kümmerte sich nicht im geringsten um Alexander und ließ sich in seiner Ruhe im Kranaion nicht stören. So mußte Alexander sich denn zu ihm bemühen und fand ihn in der Sonne liegen. Diogenes richtete sich ein wenig auf, weil so viele Leute zu ihm kamen, und sah sich Alexander an. Der König grüßte ihn freundlich und fragte, womit er ihm dienen könne. „Geh mir nur", versetzte er, „ein wenig aus der Sonne!" Dieses Wort traf Alexander tief. Er bewunderte den Stolz und die Seelengröße des Mannes, der für ihn doch nur Verachtung gehabt hatte. Als seine Begleiter beim Fortgehen lachten und spotteten, rief er aus: „Wahrhaftig, wenn ich nicht Alexander wäre, möchte ich Diogenes sein!". *Plutarch*

Nemea: Die drei Säulen des Zeus-Tempels.

NEMEA

Das Tal von Nemea, rings von wilden Berghöhen umsäumt, ist von einer fast melancholischen Einsamkeit ...

(Hermann Hettner)

Diese einsame Ebene am Fuße des Apesas, nur wenige Kilometer von Korinth entfernt, dankt ihre Bedeutung zwei sagenhaften Ereignissen, deren Schauplatz sie war: Hier soll Herakles in einer Höhle mit dem nemeischen Löwen gekämpft haben, den er trotz seiner Unverwundbarkeit bezwingen konnte.

Der Zeustempel von Nemea, von dem heute noch drei aufrecht stehende Säulen zeugen, ist zurückzuführen auf den sagenhaften Königssohn Opheltes, der an dieser Stelle von einem Schlangenbiß tödlich verletzt worden sein soll. An seiner Grablege richteten ihm zu Ehren seine Nachfahren Wettkämpfe (Totenkämpfe) ein, aus denen 573 v. Chr. Spiele für Zeus wurden. Diese panhellenischen Nemeischen Spiele („Nemeia") fanden alle zwei Jahre statt. Zu den sportlichen kamen später auch musische Wettkämpfe hinzu.

Über der Grabkammer des Opheltes wurde im späten 4. Jahrhundert nach einem älteren Vorgänger der dorische Zeustempel errichtet. In einem unterirdischen Raum seiner Cella darf das „Grab des Opheltes" vermutet werden. Innerhalb des Heiligen Bezirkes lagen außer einem großen Altar auch all jene Gebäude, welche für die Wettkämpfe benötigt wurden: Westlich des Tempels fand man die Reste einer Palästra und eines Gymnasions, am Berghang des Apesas ist noch eine Höhlung für das Stadion und eine für das Theater erkennbar.

Heute bietet sich die nemeische Ebene als ein weinbewachsenes Tal dem Besucher und einzig die Überreste des Zeustempels lassen noch die einstige Bedeutung dieser Gegend erahnen.

NEMEA

DER TEMPEL

Nach einem schönen Überblick der ganzen Bergkette von Artemisium wandten wir uns jählings rechts, wo von einer türkischen Fontäne aus das enge, von kahlen Hügeln melancholisch umschlossene Tal von Nemea zuerst sichtbar wird. Mitten im Kornfelde gewahrten wir den weiten Trümmerhaufen und ... die noch immer aufrecht darin stehenden drei schlanken Säulen des Jupitertempels. Wir ritten nach griechischer Mode quer durch die schwankenden Halme eines Kornfeldes darauf zu und richteten, nachdem wir abgestiegen waren und alles hinlänglich besichtigt hatten, auf einem der umherliegenden runden Marmorblöcke, im wohltuenden Schatten der Säulen, unser von Korinth mitgenommenes Frühstück an. Zwei Hirten, nachlässig über einen Mauerrest gelehnt, waren während desselben unsere aufmerksamen Zuschauer und nach seiner Beendigung sehr dankbare Abnehmer des Übriggebliebenen.

So wie die Säulen des Apollotempels in Korinth die kürzesten Exemplare ältester dorischer Baukunst sind, so zeigen die hiesigen, obwohl fast aus gleicher Epoche, das entgegengesetzte Extrem der Schlankheit. Ihre Höhe beträgt den sechsfachen Durchmesser, die der Säulen in Korinth nur den vierfachen. Es ist immer eigentümlich ..., daß diese beiden äußersten Extreme dorischen Stils, im ganzen Bereiche Griechenlands, so nahe aneinander geraten sind. Bekanntlich war Nemea – bei welchem Spiele von gleicher Heiligkeit, wie bei Olympia, Delphi und auf dem Isthmus gefeiert wurden, was so viel zu Erhaltung des Nationalsinnes bei dem griechischen Volke beitrug, – keine eigentliche Stadt, sondern nur ein heiliger Hain mit Tempeln, Theater, Stadion und so weiter. Von dem letzteren findet man nur noch geringe Spuren an der türkischen Fontäne.

Fürst Hermann von Pückler-Muskau

Wo um des Nemeischen Jupiter Tempel herum das versammelte Hellas sein schönstes Fest und die herrlichsten Spiele feierte, wo auch einmal im Peloponnesischen Kriege ein Heer versammelt war, das Thukydides das schönste nennt, welches je von Hellenen zusammengebracht worden, da stehen jetzt noch, um wenigstens die Lokalität außer Zweifel zu setzen, drei gewaltige Säulen und um sie aufgehäuft die Bruchstücke anderer, welche die Zeit zertrümmert. Und doch haben wenige Lokalitäten in ganz Griechenland einen ausgeprägteren Charakter als Nemea. Als hätte dieses Tal von der Natur selbst die Bestimmung erhalten, die ihm das Volk nachher gegeben, so bringt es, zusammen mit den Hügeln, welche es rings umschließen, ganz von selbst die Gestalt eines vollkommenen, ringsherum geschlossenen Amphitheaters hervor. Großen Terrassen ähnlich steigen die Hügel und Bergreihen übereinander hervor. Wie einsame Denksäulen auf einem verfallenen Gottesacker, sie selbst schon dahinsinkend aus Mangel an Pflege, weil die sie errichtet, auch nicht mehr sind: so ragen die drei Säulen gräulichen Gesteins aus der Mitte des Talgrundes düster empor. Über zwei derselben hat sich ein Stück des schweren Architraves bis heute erhalten. Grasbewachsen und zur Schaftrift prächtig geeignet sind die Gründe und Höhen rings umher. Aber schon hat der Hirte diese Niederungen verlassen und seine Herden auf die höheren Alpen des innern Landes zur Sömmerung getrieben. So fehlt dem stillen Bilde jedes Leben, und die Phantasie hat für ihr freistes Spiel keinerlei Unterbrechung, keinerlei Störung zu befürchten. *Johann Jakob Bachofen*

Schweigsam blicken uns die drei dorischen Säulen des alten Zeustempels entgegen, die einzigen Überreste der alten Herrlichkeit. Sie sind schlank, weit voneinander gestellt, in ihren Formen bereits matt und verschwimmend; sie gehören offenbar schon einer verfallenen Zeit an. Vom Stadion der festlichen Spiele und vom Grabmal des mythischen Opheltes, zu dessen Todesfeier diese Spiele gefeiert wurden, zeugen nur noch übereinandergeschichtete Trümmerhaufen; auch von dem grünen Zypressenhain, den hier noch Pausanias sah, und der der stillen Abgeschiedenheit des Tales so entsprechend war, sind alle Spuren verschwunden. Hie und da sprossen nur vereinzelte Ölbäume ... Zahlreiche Frösche, die in der sumpfigen Niederung nisten, erfüllen die Luft mit ihrem eintönigen Gequake.

Vor uns lagert in mächtiger Ruhe der schöngeformte Apesas. Der Apesas ist ein Berg von 2700 Fuß Höhe. Sein langgestreckter Kamm ist oben künstlich abgeplattet zu der Form eines Altars. Dieser war ein Heiligtum des Zeus Apesantios. Bereits Perseus soll es errichtet haben.

Hermann Hettner

Die Ruinen vom Tempel des nemeischen Zeus liegen ... an der Ostseite des schmalen, von Süden nach Norden sich öffnenden Tales völlig in der Ebene, an einer Stelle, wo das Gebäude nicht weiter gesehen werden konnte, während seine Stellung auf einer kleinen, ein paar hundert Schritte hinter demselben gelegenen Erhöhung ihm ein imposantes Ansehen würde gegeben haben. Solche Abweichungen von der Regel der alten Griechen, für ihre Tempel immer die vorteilhaftesten Plätze zu wählen, haben gewiß jedes Mal besondere, vielleicht religiöse Gründe gehabt. Merkwürdig ist es, daß bei der Zerstörung des Tempels, die vermutlich durch einen heftigen Erdstoß geschah, alle Säulen nach außen gefallen sind, keine einzige nach innen. Ich weiß keinen besseren Vergleich, als wenn Sie sich einen Haufen aufeinander gelegter Taler umgestoßen denken; so liegen die Säulen da, ein Tambour auf den andern gelegt.

Ludwig Ross

MYKENE

Weh dir, unseliges Myken!
So haben Tantals Enkel Fluch auf Fluch
Mit vollen wilden Händen ausgesät!
Und, gleich dem Unkraut, wüste Häupter schüttelnd
Und tausendfält'gen Samen um sich streuend,
Den Kindeskindern nahverwandte Mörder
Zur ew'gen Wechselwut erzeugt!

In der „Iphigenie auf Tauris" beschwört Goethe die unheilvolle mythische Vergangenheit von Mykene, als das Königsgeschlecht der Atriden dort seinen Herrschersitz hatte und König Agamemnon, ein Nachfahre des Pelops und des Atreus, endlich von Troja nach Mykene zurückgekehrt, den Tod fand durch Ägisth, den Geliebten seiner Gemahlin Klytämnestra und diese schließlich durch den Sohn Orest starb.

In der Argolis, nicht weit vom Golf von Nauplia entfernt, liegt Mykene geschützt von zwei Bergen, aber selbst kaum so hoch, daß es von der Ebene oder gar vom Meer aus gesehen werden konnte. Diese geographisch günstige Lage führte schon in der Jungsteinzeit und in der frühen Bronzezeit zu ersten Besiedlungen. Zu Beginn des 2. Jahrtausends kamen die Achäer und befestigten ihre Siedlung. Mit der Zeit entstand eine gewaltige Festung, schließlich umgeben von einem massiven Ring „kyklopischer" Mauern (14./13. Jahrhundert). Von diesen Mauern wurden auch die von Heinrich Schliemann in den 70er Jahren des 19. Jahrhunderts entdeckten Schachtgräber aus dem 16. vorchristlichen Jahrhundert eingeschlossen. Sie liegen dicht hinter dem um 1250 v. Chr. entstandenen Haupttor, dem berühmten Löwentor. Diese Schachtgräber, in denen Schliemann unter anderem die goldene Totenmaske Agamemnons gefunden zu haben glaubte (heute Athen, Nationalmuseum), wurden später von einem Plattenring umschlossen und hielten sich lange als gewaltiges Heroenmal.

Auf der oberen Burgterrasse, der höchsten Erhebung, lag der Königspalast aus dem 13. Jahrhundert v. Chr., über dessen Trümmern sich seit dem 7. vorchristlichen Jahrhundert ein Athena-Tempel erhob. Einen zweiten Zugang zur Burg ermöglichte das Nordtor. Im Nordosten der Mauer dienten auch noch zwei Ausfallpforten der Verteidigung der Anlage.

Für den Notfall war die Wasserversorgung der Burgbewohner durch eine unterirdische Brunnenkammer gesichert.

Außerhalb der Akropolis befindet sich ein zweites frühes Gräberrund. Im weiteren Umkreis der Burg lagen die monumentalen Kuppelgräber, die bis ins 15. Jahrhundert zurückreichen, und, als „Schatzhäuser der Atriden" bezeichnet, schon in der Antike sämtlich von Grabräubern geplündert worden sind. Ebenfalls außerhalb der Burgmauern lagen die Häuser von Handwerkern und Händlern, von archäologischer Bedeutung vor allem wegen der in ihnen gemachten Funde (Schrifttäfelchen etc.).

Mit der dorischen Wanderung am Ende des 2. Jahrtausends v. Chr. kam das Ende der stolzen Stadt, die von Dorern besiedelt, später von Argos zerstört, erst in hellenistischer Zeit noch einmal eine Nachblüte erlebt hat.

DER ORT

Wir setzten den Fuß auf die übereinander gestürzten Steinleiber der Ruinen von Tiryns mykenischen Gepräges und zwischen die Mauern des blutrünstigen Mykene selbst, wo mannshohe Steine zu hausdicken Wänden aufeinander gelegt wurden, eine Stadt gebaut im Wissen um Mord, in Mißtrauen und Wissen von Raub und häuslichem Überfall. Hier liegen selbst Gräber einzeln in doppelten riesigen Ringmauern und Schätze und Gold in felsengemauerten unwegsamen Kammern.

Rudolf G. Binding

Auf einen runden Vorsprung zwischen zwei spitzen Felsbergen ließ ich meine Wahl zu einer Akropolis fallen: es war die von Mykenä, wie sich fand, als ich meine Begleiter fast wider Willen noch heranschleppte, um die vorgestreckten Ruinen ... noch zu besuchen; die Sonne neigte schon zum Untergang. Und daß wir noch den steilen, beschwerlichen Pfad hinanritten, war sehr der Mühe wert. Denn selten hat mich etwas so sehr überrascht und im ersten Augenblick mit so bedeutenden Aufschlüssen überschüttet, als dieser Anblick. Was durch die Poesie und die Mythendeutung unbestimmt, traumähnlich geworden, tritt hier mit ungeheurer Positivität unter die Augen – der Charakter der gewaltig wollenden Pelopiden, der kriegerische, riesenhaft gerüstete Geist einer Zeit, eines Völkergeschlechts.

F. G. Welcker

Zwischen den Oleanderbüschen, die die Straße nach Mykene umsäumen, sind wir vielleicht nicht auf diese wilden Blöcke, auf dieses Durcheinander von Gräbern, diese Unterbauten einer verschwundenen Pracht gefaßt. Wir rechnen eher damit, daß die Schatten der Klytämnestra, ihrer Tochter und ihres Sohnes uns dort empfangen, die Hänge füllen mit ihrem Raubvogelgekreisch. *Jean Cocteau*

Rätselhaft stehen diese Denkmäler einer mächtigen Vorzeit vor uns und verkündigen uns, daß, was wir in den homerischen Gedichten von der Herrlichkeit derselben lesen, nicht Schöpfung der Phantasie ist, sondern nur die durch den Genius des Dichters verklärte Darstellung einer längst vergangenen Wirklichkeit. Nirgends ergreift den Wanderer in Griechenland ein solches unbeschreibbares Gefühl des Staunens und der Ehrfurcht, als wenn er auf der Stätte vor Agamemnons Palast steht oder das Tor betrachtet, durch das der Völkerfürst nach der Weise der Heroenzeit aus- und einfuhr oder in die halbdunkle Kuppel des Pelopidengrabes eintritt. Trotz aller Beschreibungen hat der Eindruck bei mir die Erwartungen weit übertroffen.

Wilhelm Vischer

MYKENE

DAS TOR

Mykenai hat nur zwei Zugänge, eine Nebenpforte auf der nördlichen Längenseite und das größere Löwentor, welches in den Zwischenraum der ersten und zweiten Umfassungsmauer hineinführt. Auch dieser Zugang ist auf das sorgfältigste geschützt ... So liegt nun das Tor am Ende eines langen und tiefen Ganges, der wohl mehr als irgendein anderer Teil der Festung den Begriff zyklopischer Kraft, Kunstfertigkeit und Unverwüstlichkeit lebendig erregt. Auch ist das Mauerwerk nirgends sonst so regelmäßig und kunstvoll gefügt wie hier. Vollkommen horizontale Schichtung der quadratförmig behauenen Werksteine bildet hier die Regel. Ich weiß nicht, warum der Eindruck verlassener Städte gerade beim Anblick ihrer Tore so ganz überwältigend wird. Aber ich habe es auch sonst noch erfahren. Einen Augenblick ist es, als gingen die alten Gestalten hier noch aus und ein. Wozu wäre denn sonst noch das Tor geöffnet? Wozu und wessen das Wappenschild über dem Eingang? Die Säule, die daran emporgerichteten Löwen, die sich, ob auch ihre Köpfe fehlen, so ziemlich wie Schildhalter der neueren Heraldik ausnehmen ... sehen sie nicht auf Agamemnon herab, der eben in silberner Biga zur Burg emporgefahren, um dem Vater der Götter und Menschen nochmals auf heimischem Boden zu opfern? Wie stolz und ungebeugt sie dastehen! ... *Johann Jakob Bachofen*

Der Eingang zur Burg liegt am Ende einer breiten Mauergasse, deren Wände nach oben etwas zurückweichen. Durch die Anlage der Torgasse wird der Blick des Ankömmlings ohne Möglichkeit des Ausweichens auf die beiden gewaltigen Tiere gerichtet, die, nun hauptlos, den Eingang zur Burg bewachten ... Die Löwen stützen sich mit den Vorderfüßen auf ein gut gegliedertes Fundament, auf dem sich ohne Fuß unmittelbar aufsteigend die schlanke Halbsäule zwischen ihnen erhebt. Unter den ringgeschmückten Vorderfüßen der Löwen tritt die Grundplatte an beiden Seiten hervor. So umschließen Vorsprung, Vorderkörper und Häupter der Löwen als zwei lebende Säulen die andere, mittlere, deren schlichtes Kapitell mit zwei durch vier Kreise getrennten Deckplatten an frühromanische Säulen erinnert. Wunderbar ist der Gegensatz der geschmeidigen, lebendigen Tierleiber zu den schweren Blöcken, die schräg abgeschnitten auf den Seiten des Dreiecks lasten. Die Löwen haben den Außenfuß etwas zurückgesetzt, so daß sie Brust und Schenkel halb dem Beschauer zuwenden, das nun abgeschlagene Haupt aber ganz nach vorn herumgerissen hatten. Im Ansatz des Halsmuskels zittert noch die stolze Bewegung nach. Die starke Brust tritt unten zwischen den Vorderbeinen scharf hervor; die kantigen Schwänze setzen die Rückenlinien fort und schließen damit das Bilddreieck ab.

Unübersehbar ist die Spannung, die in den schräg aufsteigenden Tierkörpern zwischen Vorder- und Hinterleib lebt. Die hinteren Schenkel, die leicht auf der dicken Torplatte stehen, die geschmeidigen Hüften und die schön modellierten Flanken sind von einer Bewegung durchpulst, die in Brust und Vorderbeinen sich zu völliger Ruhe ausläuft. Der Hinterleib steht natürlich im Raum; der Vorderleib ist in eine architektonische Ordnung einbezogen. Es ist die von hinten nach vorn drängende und dort in feierlicher Festigkeit erstarrende Bewegung, die auch das Pferd des Bamberger Reiters und den Löwen von Dankwarderode beherrscht. In diesen Werken scheint gerade der Übergang eingefangen, wo ein Tierleib sich zum Sinnbild wandelt, wo die Natur zum Zeichen wird. *Ernst Wilhelm Eschmann*

DIE BURG

Ich stehe auf dem Steinboden des Megaron, des Haupthauses des Palastes. Die Burg ist in ihrer Gesamtheit eine einheitliche architektonische Konzeption gewesen, vom Fuß des Burgberges mit seiner mächtigen Mauer kühn sich aufstufend bis zum Megaron auf dem Gipfel des Hügels. Das Megaron war von einer Laterne gekrönt, die das Bauwerk nach oben eindrucksvoll abschloß. Von der Ebene her muß die Burg einen großartigen, eben einen herrscherlichen Eindruck gemacht haben. In der Mitte des Megaron, umgeben von vier Säulen, welche die an den Seiten offene Laterne trugen, stand der Herd, dessen Stuckbemalung teilweise erhalten ist. Er war der Mittelpunkt des Hauses. Er war das Symbol der Familie. Er war heilig ... Die Wände waren mit lebhaften Fresken geschmückt, in denen aber, im Gegensatz zu Kreta, überwiegend kriegerische Szenen dargestellt waren. Es ist charakteristisch für mykenische Architekten, daß ihre künstlerische Absicht in gleicher Weise auf die Gestaltung des Innenraumes wie auf die Mächtigkeit des Baukörpers gerichtet war.

Vom Palast aus hat man in der Weite die Ebene bis zum Meer vor Augen. In der Nähe überblickt man das an den Hängen des Hügels gelegene, von der kyklopischen Mauer beschützte Gebiet mit den Häusern des Gefolges, der höheren Offiziere, der Verwaltungsbeamten und der Haussklaven. Die Bevölkerung lebte in kleinen Dörfern auf in der Nähe gelegenen Hügeln. Siedlungen konnten nur errichtet werden, wo ausreichende Quellen vorhanden waren.

Auch die Lage der Burg beweist, daß die Herrscher von Mykenä große Strategen gewesen sind. Sie liegt so weit landeinwärts, daß sie von der See her überraschend nicht angegriffen werden konnte ... Bei dem weiten Blick, der sich aus den Fenstern des Megaron bot, lag das ganze Land unter den Augen des Herrschers. Alles das macht es wahrscheinlich, daß die mykenischen Achaier eine Herrenschicht waren, die eine unterworfene Bevölkerung regierten. Vom Segen der Arbeit ist denn auch bei Homer nie die Rede.

Peter Bamm

Als wir durch das Löwentor schreiten, ist es noch früh am Morgen. Kein Wärter ist zu sehen, keine Menschenseele. Die Sonne steigt langsam, stetig am Himmel empor, alles ist klar und deutlich sichtbar. Und doch gehen wir schüchtern, vorsichtig, fürchten etwas, ohne zu wissen, was. Hier und dort öffnen sich Schächte, die drohend glatt und schlammig aussehen. Wir wandern zwischen den riesigen Steinplatten, die die kreisförmige Umgrenzung bilden. Meine Buchweisheit nutzt nichts, ich könnte ebensogut mit den Augen eines Barbaren auf diese Trümmermasse blicken. Ich bin erstaunt über die kleinen Proportionen der Palastkammern und der darüber liegenden Wohnräume. Welch kolossale Mauern, um eine Handvoll Menschen zu schützen! War jeder dieser Bewohner ein Riese? Welch fürchterliche Finsternis befiel sie in ihren schlimmen Tagen, daß sie sich in der Erde vergruben, ihre Schätze vor dem Licht verbargen, blutschänderisch mordeten in den Tiefen der Erde! Wir von der Neuen Welt, mit Millionen Morgen brachliegenden fruchtbaren Landes und mit Millionen Menschen, die hungern, die sich nicht waschen, die ohne Bleibe sind, wir, die wir in der Erde graben, die wir schuften, essen, schlafen, lieben, spazierengehen, Auto fahren, kämpfen, kaufen, verkaufen und morden unter der Oberfläche, werden wir den gleichen Weg gehen? Ich bin in New York geboren, der größten und der leersten Stadt der Welt. Ich stehe jetzt in Mykene und versuche zu begreifen, was hier während Jahrhunderten geschehen ist.

Henry Miller

MYKENE

Nicht weit vom alten Königshause gelangt man zu dem sogenannten Schatzhause des Atreus, zu dem uns die Grabungen von Veli Pascha und Lord Elgin den Zutritt eröffnet hatten. Der schmale Gang führt in den Hauptraum eines kuppelartig spitzen Baues. Horizontal aufgelegte, immer wieder in nächster Schicht einander überragende Werkstücke verengen das Gemach nach der Höhe zu, bis zuletzt ein einziger mächtiger Stein das Gewölbe schließt. Nach dem Grundsatze des Tumulus oder Pyramidenbaues angelegt, sehen wir hier die aus Unkenntnis besserer Mittel entstandenen Grundgedanken zum Kuppelbau. Durch eine große dreieckige Öffnung über der Türe empfängt die Kammer das Licht. Innerhalb der Rotunde waren ursprünglich Erzplatten angebracht, und man sieht noch die Löcher, in denen Bronzenägel gesteckt haben, welche von Lord Elgin herausgenommen sind.

Otto Magnus von Stackelberg

DIE HERRSCHER

Später, als es Nacht wurde – ein dünner, greisenhafter Mond stand über den Bergen und die Sterne waren klein und blaß –, stiegen wir noch einmal zum Palast hinauf. Wie ungeheure schwarze Tiere lagen die Mauerblöcke da, die Treppen schimmerten wie Seide und die Steinsockel der hölzernen Säulen weiteten sich, von Schatten vertieft, zu mächtigen Quadern.

Hier, vor dem Tor des Palasts, wenige Meter von der Treppe entfernt, hatte Klytaimnestra gestanden, als sie das Feuerzeichen erwartete, den Fackelschein vom Arachnaiongebirge, der ihr die Ankunft Agamemnons melden sollte...

Unter uns fiel der Abhang zum Chaos hinab, einem schmalen, vielfach gewundenen Fluß, der in einer steilen Schlucht an Mykene vorbeifloß. Von da, aus dem

Tal herauf, war Agamemnon gekommen. Klytaimnestra hatte ihn reiten sehen: zuerst im Tal, dann, auf halber Höhe, am Plattenring, dann auf der Treppe – ächzend, vom jahrelangen Kampf ermüdet, ein alter Mann, der endlich nach Hause will –, dann vor dem Palast. Aber sie war ihm erst entgegen gegangen, als er die Tür beinahe erreicht hatte. Mehr als eine Stunde lang waren ihre Augen dem Zug der Wagen gefolgt – Zeit genug, um sich den Plan zu überlegen und die Einzelheiten zu bestimmen. *Walter Jens*

Die Burg hat eine raubnestartige Anlage: in Hügeln versteckt und von höheren felsigen Bergen gedeckt, übersah sie das ganze rossenährende Argos. Zur Seite hatte sie eine wilde Kluft, die jeden Zugang verhinderte.

Es ist von eigentümlichem Reiz, sich nach den mykenischen Gräberfunden in dieser Umgebung ein Leben in Üppigkeit und Luxus vorzustellen: Männer und Frauen, die sich schnürten und besonders Frauen, deren Toiletten an Glanz und Raffinement der Toilette einer spanischen Tänzerin, die in einem Pariser Theater tanzt, gleichgekommen sind. Aber schließlich ist es wieder Homer, der überall den Sinn für Komfort und Luxus entwickelt und nie vergißt, Bäder, duftende Betten, reinliches Linnen, hohe und hallende Säle, Schmuck und Schönheit der Weiber, ja sogar den Wohlgeschmack des Getränks und der Speisen gebührend zu würdigen. *Gerhart Hauptmann*

O Sohn des Feldherrn, der im Troierland
Dereinst gebot, Sohn du des Agamemnon,
Hier schaust du endlich, das du lang ersehntest,
Dein Ziel, das alte Argos, Ios Land,
Aus dem sie Heras wilde Bremse jagte.

Da ist der Wolfsmarkt; seinen Namen trägt
Er nach dem Wolfsgott. Und zur Linken dort
Ist Heras stolzer Tempel. Aber hier
Erblickst du jetzt das goldene Myken.
Hier ist der Pelopiden Mörderhaus.
Dort hab ich dich nach deines Vaters Tode
Aus deiner Schwester Händen einst empfangen
Und trug dich weg und zog zum Mann dich auf,
Damit du deines Vaters Ende rächtest.–
So halte Rat, Orest, mit Pylades,
Dem besten aller Freunde, was zu tun ist.
Doch eilt euch; denn schon weckt der Sonne Strahl
Mit seinem Glanz der Vögel Morgenlied,
Und von uns wich die schwarze Sternennacht.

Sophokles

Mykene: Das Löwentor.

TIRYNS

Der Heros Tiryns, nach dem die Stadt ihren Namen erhielt, soll ein Sohn des Argos, des Sohnes des Zeus, gewesen sein ...

Von Pausanias erfahren wir, wie nah verwandt der Namenspatron von Tiryns mit dem höchsten der olympischen Götter war. Durch die Ausgrabungen, die Heinrich Schliemann und Wilhelm Dörpfeld in den Jahren 1884/85 durchführten, und die seit Beginn unseres Jahrhunderts vom Deutschen Archäologischen Institut fortgesetzt werden, wird die Entwicklungsgeschichte dieser Stadt immer deutlicher. Der niedrige Burgfelsen war seit dem 3. Jahrtausend besiedelt. Aus dieser Zeit stammt ein Rundbau von 28 Metern Durchmesser, wahrscheinlich ein Wehrturm und erster Fürstensitz von Tiryns. Ihre Blüte erlebte die Stadt in mykenischer Zeit, als im 14. und 13. Jahrhundert die Burg mehr und mehr befestigt und über Aufschüttungen der älteren Anlagen ein mächtiger Palast errichtet wurde. Die bis zu sechs Meter dicken „kyklopischen“ Mauern bezogen schließlich auch die nördliche Unterburg mit ein.

Um zum Zentrum des Palastes zu kommen, ging man über eine Rampe in einen Zwinger, erreichte dann, vorbei an Magazin-Galerien, durch ein Propylon den ersten, durch ein weiteres Tor den zweiten Vorhof des königlichen Palastes. Aus glatt behauenen und gesägten Quadern der untere Teil, bestand der obere Teil der Hauptgebäude aus wärmedämmendem Fachwerk, dessen Innenwände nach kretisch-minoischem Geschmack mit bunten Malereien auf einem feinen Stucküberzug verziert waren. Auch die nach oben verdickten Holzsäulen waren, wie die ganze mykenische Kultur, kretischen Ursprungs. Eigentliches Zentrum des Palastes war das Megaron, in dem einst der Herrscher vor dem heiligen Herd thronte. Nach der Erdbebenzerstörung von Burg und Palast siedelten dorische Griechen spätestens im 7. Jahrhundert einen Kult der Göttin Hera auf der Burg an und errichteten dieser über dem Megaron einen Tempel. Um 300 v. Chr. ging das Stadtgebiet von Tiryns in den Besitz der Stadt Argos über.

TIRYNS

DIE BURG

Die Mauer, die allein von den Ruinen noch übrig ist, ist ein Werk der Kyklopen und aus unbehauenen Steinen gebaut, jeder Stein so groß, daß auch der kleinste von ihnen von einem Gespann Maultiere überhaupt nicht von der Stelle bewegt werden könnte. Kleine Steine sind von alters eingefügt, damit jeder von ihnen möglichst die Verbindung für die großen Steine herstelle. *Pausanias*

Es ist nicht zu beschreiben, welchen Eindruck der Anblick dieser ehrwürdigen Überreste, die nun im dreiunddreißigsten Jahrhundert bestehen, besonders bei etwas längerem Aufenhalte darin auf den Beschauer macht. Die heroische Zeit der Helden und Ungeheuer, des Zusammenlebens von menschlichen Göttern und göttlichen Menschen, wird uns in der Einsamkeit dieser Trümmer deutlich und regt alle Fibern der Seele auf. Von hieraus zog der Alkide zu den meisten seiner Unternehmungen aus; dort im nahen Lerna kämpfte er mit der Hydra; dort in Nemea mit dem Löwen, und am Fuße jener hohen Bergspitzen des Kyllene mit den stymphalischen Vögeln. *Leo von Klenze*

Städteformen sind schwer zu beschreiben. Eine Vergleichung mag da oft gute Dienste tun. Wenn nun Roms Hügel mit der Hochebene, von welcher sie auslaufen, die Gestalt der Hand mit ihren Fingern nachahmen, so kann Tirynth dagegen mit einem Schiffe verglichen werden, dessen spitzer Kiel nach Norden sieht, während das breitere Hinterteil dem Süden zugekehrt ist. Es scheint Nauplia verlassen zu haben, und

Mykene zuzusteuern. Die beiden Längenseiten liegen nach Ost und West. Ihnen entlang ziehen sich, im Westen die Straße von Nauplia nach Mykene, im Ost diejenige von Nauplia nach Epidaurus. Wer von Argos kömmt, trifft die westliche Längenseite nicht gar weit von deren südlichem Endpunkt. Um die Vorstellung von der Gestalt der Stadt zu vollenden, brauche ich nur noch hinzuzufügen, daß sich der Fels in der Mitte seiner Länge verengt, so daß das Schiff im Mittelpunkt seiner ganzen Ausdehnung schmäler ist als an seinem Kiele. Dadurch wird der umschlossene Burgfelsen selbst in zwei gleiche Hälften geteilt, eine nördliche nach dem Kiele, eine südliche nach dem Hinterteile hin. Man könnte sie den beiden gesonderten Plätzen auf dem Verdecke eines Dampfschiffes vergleichen. Nach Süd ist das Terrain höher, gegen Nord sinkt es allmählig, am stärksten gerade in der Mitte, wo ein kleiner Abhang von etwa siebzehn Schritten Länge, mit den Resten einer inneren Scheidungsmauer die Grenzscheide bildet. Auf jede der beiden Hälften maß ich an die hundertfünfzig meiner gewöhnlichen Schritte, jenen Mittelraum nicht mit eingerechnet.

Johann Jakob Bachofen

Hoch lebe Pallas Athene, unter deren Schutz ich hier einen die ganze obere Burg einnehmenden, mit unzähligen dorischen Säulen geschmückten vorhistorischen Palast aufgedeckt habe, von dem sämtliche aus größeren Steinen mit Lehmmörtel aufgebauten Mauern bis zu einer Höhe von 50 cm bis 1 m erhalten sind; der obere Teil derselben bestand, gleich wie in Troja, aus rohen Ziegeln. Das Gebäude gehört, wie mein Mitarbeiter, Dr. Dörpfeld, nachweist, in zwei Perioden, die auch durch die darin gefundenen Massen von Hera-Idolen in Form von Kühen oder gehörnten Frauen, unzählige Messer aus Obsidian, Topfware, die vollkommen der der mykenischen Königsgräber gleichkömmt, und viel spätere Topfware, die aber auch unmöglich einer jüngeren Zeit als dem neunten Jahrhundert v. Chr. angehören kann, gekennzeichnet wird. Diese späteste Topfware hat nämlich geometrische Muster, Darstellungen von Menschen mit Vogelgesichtern, von Pferden mit langen dünnen Beinen wie auf den urältesten attischen Vasen usw. Selbst von ältester archaisch griechischer Topfware findet sich keine Scherbe. Nur ein urältestes dorisches Kapitell und ein seltsamer Fries ist bis jetzt gefunden; ersteres ist von Porosstein, auf letzterem sind skulptierte Palmetten, wie die mykenischen, und andere Verzierungen, die mosaikartig mit Stücken einer Glasmasse dargestellt sind. Höchst merkwürdig sind die in buntesten Farben aufgetragenen Malereien auf dem Wandputz aus Kalk; es findet sich darunter auch das Muster der Thalamosdecke von Orchomenos. Ich schreibe dies in größter Eile.

Heinrich Schliemann

Wir gewinnen auf einmal einen lebendigen Einblick in das Leben der Fürsten von Tiryns und in ihre Hofhaltung. Man kann sich die mächtigen Eindrücke vorstellen, die ein Gast oder ein fremder Gesandter damals hier empfing. Zunächst die riesenhafte Wucht der Festungswerke, die Rampe mit ihrem drohenden Turm, das Außentor, der weite Aufgang zum zweiten Tor mit seinen mächtigen Türflügeln. Die Riesenmaße schienen weit über Menschliches hinauszuragen. In der Halle des Vorplatzes genossen die Hofleute luftige Kühle, vor dem prächtigen Propylon hielten Soldaten Wache. Auf dem weiten äußeren Vorhof herrschte ein reges Treiben des Gesindes, der Boten und Gäste. Dann empfing den Fremden die vornehme Abgeschlossenheit des inneren Hofes; nach einer Spende an die Götter durchschritt er die Vorhalle, das Vorzimmer des Megaron, bis endlich die Türe des Thronsaales sich öffnete und er vor die Majestät des Fürsten selbst treten durfte. Die bunte Pracht der Wandgemälde, die reich verzierten Säulen, der schimmernde Teppich des bemalten Fußbodens boten dem thronenden Herrscher einen wahrhaft königlichen Rahmen. Noch heute, trotz aller Zerstörung, empfinden wir, wie meisterhaft vom Eingang der Burg bis ins Megaron hinein die prächtige Wirkung gesteigert, der Gast von Eindruck zu größerem Eindruck geführt wurde.

Georg Karo

Der Kalkfelsen, ein paar hundert Meter lang und hundert breit, ist zweistufig, die untere nur etwa zehn Meter aufragende Stufe war die Vorburg der Männer, Pferde und Rinder, die kaum zwanzig Meter hohe zweite Stufe die Hauptburg der Männer und Herrscher. Dem Kalkfelsen sind die rohen gewaltigen „zyklopischen“ Blöcke der Mauerung, in sich unvermörtelt, aufgesetzt. Die Steine sind rot und blau, an der Wetterseite werden beide Farben zu hellbraun. Mit einem eigenartigen geweihten Schauer geht man durch die dunklen Festungslaufgänge, alles Uralte ist noch so nah und lebendig, als ob soeben erst der Schrei des Iphitos ertönt und sein Körper vor der Fensteröffnung vorbeigestürzt wäre, da der arme wahnsinnige Herakles seinen Freund von der Zinne hinabwarf. Und sofort erheitert sich wieder die düstere Erinnerung, wenn man vor dem alten Kruge im Männersaale an das Geschirr denken muß, in das hier der König Eurystheus aus Schrecken vor Herakles kroch, der mit dem Felle des nemeischen Löwen heimkehrte. Eine große Malve mit violetten Blüten steht auf der Stelle des Herdes im Männersaale. Eine Weile dünkt man sich als Schutzflehender gekommen zu sein und am heiligen Herde sich niedergelassen zu haben. Dann steht man aber als homerischer Herr und König auf und sucht sich im aufgegrabenen Grundrisse den Weg zu den nur vom Männerhause zugänglichen Gemächern der Frauen. Die Asfodelosstauden sind verdorrt, sie brechen wie Holz, auch die hohen violetten Disteln sind zur Hälfte sommergelb geworden. *Josef Ponten*

EPIDAUROS

Die Gesundheit ist das Beste auf Erden.
Schöne Leibesgestalt ist mir das Zweite.
Dann kommt Reichsein, doch in Ehren.
Viertens sich mit Freunden der Jugend freuen.
(Simonides von Keos)

Das berühmte Heiligtum des Heilgottes Asklepios und seiner Tochter (oder Gemahlin) Hygieia, das Asklepieion von Epidauros, lag unweit der antiken Hafenstadt gleichen Namens an der Ostküste der argolischen Halbinsel, an einer Stelle, wo bereits zu Beginn des 2. Jahrtausends Maleatas, ein Gott der wiedererstehenden Natur, später Apollon Maleatas verehrt wurde. Diese zu ehren, fanden dort schon früh Wettspiele statt, welche nach der Einsetzung des Asklepios-Kultes gegen Ende des 6. Jahrhunderts, vor allem aber seit 395 v. Chr. erweitert wurden. Im 4. Jahrhundert wurde die Stadt nämlich als Geburtsort des Asklepios durch das delphische Orakel bestätigt. Ihre Vorherrschaft war seither unumstritten. Dieses Jahrhundert ist die Zeit der höchsten Blüte des Heiligtums gewesen. Großzügig wurde der Kultplatz ausgebaut.

Nahe dem Theater (aus dem 3. Jahrhundert v. Chr.), heute dem besterhaltenen in Griechenland, lag das quadratische Gästehaus (Katagogion) mit seinen 160 Zimmern, Herberge für die Kurgäste, von denen Schwangere und Todkranke ausgeschlossen waren, da Geburt und Tod vom Heiligtum ferngehalten werden sollten. Westlich des Gästehauses folgten ein großes Bad und das Gymnasion mit einem Odeion. Durch ein Propylon gelangte man auf den Festplatz, von welchem aus die wichtigsten zum Heilkult gehörigen Bauten des 4. Jahrhunderts zu erreichen waren: Der Asklepios-Tempel, die Tholos – ein aufwendig ausgestatteter Rundbau, dessen genaue Bestimmung noch nicht geklärt werden konnte –, ein Artemis-Tempel und ein der Aphrodite geweihter Tempel, schließlich die für den Heilerfolg unerläßlichen Schlaf- und Liegehallen. In eine solche Halle (Abaton) legte sich nämlich der Kranke nach rituellen Waschungen zum Heilschlaf nieder, um von Asklepios im Traum von seinen oft psychisch bedingten Leiden durch Suggestion oder Schockwirkung geheilt zu werden. Diese Art der Seelenheilung setzte sich im Christentum in den katholischen Wallfahrtsorten fort und fand schließlich in der modernen Psychotherapie ihre wissenschaftlich fundierte Ausformung.

DIE TEMPEL

Die reichste Architektur zeigte ein kleiner Rundtempel, Tholos genannt. Schon die freigelegten Grundmauern reizen zur Bewunderung: schwere, ineinanderliegende Mauerringe, durch Querstege verbunden und mit Türen zur Ableitung des Grund- und Regenwassers versehen. Die Säulenpracht, die sich über dieser sorgfältig erdachten Konstruktion erhob, ist teilweise im Museum des Hieron wieder aufgebaut. Wir sehen ein Stück der Galerie, die um den Tholos lief, und können unter ihre schwerkassettierte Decke treten. Die Randlinien, Bänder, Vertiefungen sind so scharf und ebenmäßig, daß sie trotz der bedeutenden Größenmaße wie ziseliert wirken. Gleich den Sakramentshäuschen unserer mittelalterlichen Dome war der Tholos mehr eine Goldschmiedsarbeit als ein Bauwerk. Der Eindruck wächst, wenn man die Kapitelle seiner Säulen betrachtet. Das Pflanzenhaft-Üppige der korinthischen Ordnung, so leicht in gewollten Zierart entartend, ist hier ganz unbefangen. Wie das aufquillt an Akanthus, an Farnen, an Palmen, gleichsam unmittelbar aus dem Boden, und trotzdem trägt!

Die Rechnungen über den Bau des Tholos sind erhalten geblieben. Einen Denar bekam der Baumeister täglich, was auch für jene Zeit nicht beträchtlich war. Wie die Meister der abendländischen Dome wurde der Erbauer des Tholos als Handwerker betrachtet und entlohnt. Die Kunst des Hieron ist durch Heiterkeit und Leichtigkeit gekennzeichnet. Zur Strenge der klassischen Kunst steht sie in ziemlicher Entfernung. Ähnlichkeiten mit dem frühen Rokoko tauchen auf. Schwerelos schweben glückliche Nereiden auf herrlichen Meerpferden, die sich trotzig aus den Wogenkämmen aufbäumen, und in lässiger Schönheit lehnen die drei Charitinnen aneinander. Mit freundlicher, ihrer selbst bewußter Wendung reicht Hygieia, die Begleiterin des Asklepios, dem Kranken die Schale. Der Gott selbst ist in irdisch-vertraulicher Nähe auf den Reliefs dargestellt, wie er zu Besuch bei den Menschen weilt, bequem auf einem Sessel gelehnt und aufmerksam Bitten und Klagen anhörend, gleich einem guten Arzt an der Bettseite.

Ernst Wilhelm Eschmann

In der Westhälfte des heiligen Bezirks stehen die Fundamente eines rätselhaften Rundbaus, der uns gleichsam das Sinnbild all des Geheimnisvollen dieses ganzen Heiligtums ist. Die Fundamente bilden ein regelrechtes Labyrinth von konzentrischen Kreisen, die durch Öffnungen so miteinander verbunden sind, daß man jeden einzelnen Kreis voll abschreiten muß, wenn man aus dem äußersten in den Mittelpunkt gelangen will. Einen Sinn hatte diese Konstruktion nur, wenn man bei gewissen Gelegenheiten einen derartigen rituellen Rundgang machen mußte, bevor man in den Mittelpunkt kam, von wo aus man in den Oberbau emporsteigen durfte. Dieser bestand aus einer Rundmauer zwischen zwei Kolonnaden, mit Eingang vom Osten her und mit einer reichgeschmückten Krönung. Die Außenseite des Gebäudes war in bunten Farben gehalten, während innen der Fuß der Rundmauer aus schwarzem Marmor bestand.

Karl Kerenyi

Rein sei jeder, der tritt in den weihrauchduftenden Tempel,
Rein aber heißt, wer im Sinn heil'ge Gedanken nur hegt.

Tempelspruch in Epidauros

EPIDAUROS

DIE GÖTTER

Arzt Aller, Asklepios, herrschender Paian,
Tausend schmerzliche Leiden
Der Krankheit heilst du den Sterblichen.
Mächtiger Spender der Huld,
Komm und führe herbei die Genesung;
Stille die Schwere des Siechtums,
Wend ab des Todes Verhängnis,
Wachstumfördernder Held,
Übelabwehr, glücklichen Schicksals;
Phoibos Apollons kräftiger Sproß,
Leuchtend an Ehren, des Siechtums Feind –
Du besitzest als Ehegemahl
Die untadelige Hygieia.
Komm, Seliger, Helfer, dem Leben
Spende ein edeles Ende! *Orphischer Hymnos*

Wollte man das Asklepieion der Alten mit einem Kur- und Badeort unserer Tage vergleichen, so würde die eine Hauptseite, und gerade die ehrwürdigste, jener Anstalt ohne Bezeichnung bleiben. Religion und Kultus bilden auch da, wie überall im Altertum, die Grundlage des Ganzen, und was in unsern Bädern so recht absichtlich in den Hintergrund gestellt wird, das ist dort der Mittelpunkt, an den sich alles anschließt. Jedes Asklepieion ist eine Kultstätte, ein heiliger Wallfahrtsort, an welchem Asklepios, der Gott, denen, die ihn recht verehren, Heilung und Befreiung von jedwedem körperlichem Leiden zuteil werden läßt. In dem Gebiet von Epidaurus ist der Gott geboren, und darum galt das epidaurische Heiligtum als das ehrwürdigste unter allen. Von hier war der gleiche Kult in andere Länder verbreitet worden, und wohin Epidaurus seine Schiffe und Kolonien sandte, dahin drang auch der Asklepiosdienst ...

Die Schlange ... war dem Gotte geweiht, wie das ganze epidaurische Gebiet. Ja, sie war in der ältesten Zeit ohne Zweifel das Bild des Gottes selbst und trat erst später mit der Vermenschlichung des ehemals symbolischen Kultus in die untergeordnete Stellung eines bloßen Attributes zurück. Die Schlange, die, selbst erdfarbig, leicht aus dem Grase hervorgleitet, um sich einen Augenblick nachher wieder unter demselben zu verstecken, die auch allein von allen Tieren sich nie von dem Staube losmachen kann, sie galt schon den ältesten Völkern als das Symbol des wohltätigen, in der Erde Tiefen waltenden Naturgeistes, der alles zeugt, alles nährt, und nach dem Tod in regelmäßiger Verjüngung alles wieder hervortreten läßt. Sie ist es also auch, die die heilsamen Kräuter sprossen läßt und die Menschen lehrt, sie von den schädlichen zu unterscheiden und wohl zuzubereiten. Sie ist die göttliche Kraft, die über Leben und Tod gebietet. Denn diese beiden Begriffe, Leben und Tod, gehören zusammen, ja, es kann keiner ohne den andern gedacht werden.

Johann Jakob Bachofen

Asklepios ist, als munterer Knabe, Bringer von Morgentau, Balsam den Pflanzen, die, Heilkräfte für Mensch und Tier sammelnd, in dem Sonnenmorgen gedeihen. Der Mann Asklepios liebt den Schlangenbach; er, ein Gott der Feuchtigkeit, trägt die Schlange als eigenes Wahrzeichen an die Sonne. Wie alle Götter hatte er sich den Achaiern in Thessalien angesagt, bei Epidauros kam er zur Welt, in Kos und Pergamon brannten ihm höchste Altäre. Als Gott im Überall ward es ihm lieb, in Träume Sterblicher Auskunft zu lispeln über Heilung leiblicher Krankheit, seelischer Gebrechen. Vor allem sorgte er sich um Sonne: die Opferwilligen sollten nackt seinem Vater Apollo am Mittag opfern, dafür aber, alle Sorgen vergessend, sie in des

Gottes Herz und Hirn verlieren. Begraben mußte der Mensch sein enges Verlangen nach Habe: und um den Sinn von der Gier zu lenken, umgab sich Asklepios, in seinem Heiligtum, mit Stadion, Odeon, Gymnasium und hoch emporgestuftem Theater unterm Waldesrauschen. Doch nur, wer zu glauben vermochte, wurde geheilt. Vor allem war die hohe Heilstätte von Hellas Ort des Kultus: geweihtes Heiligtum! Hier hieß es: der Leib sei sauber, täglich zweimal gewaschen, doch der Geist bleibe von Vollkommenheit überzeugt. Und gar herrlich wohnten Asklepios und Artemis zu Epidauros unter Gesundheitssuchern. Hygieia trat, von Schlangen umtanzt, ins Freie, und Siegesgöttinnen gipfelten über Tempel und Laubwipfeln. Aus goldenen Käfigen mag man wohl der geweihten Schlange ihre vielräumige Wohnung gefügt haben: Kein anderes Tier kann ja durch Schmiegung des Leibes den Kreis, die reinste Idee zur Form, erreichen! Und einer der erhabensten Rundbauten entstand aus diesem metaphysisch-geometrischen Grund, zu Epidauros: die Tholos des jüngern Polyklets aus Argos. *Theodor Däubler*

Hygieia, der Göttinnen erste,
Laß mich wohnen bei dir,
So lang ich noch lebe.
Bleibe stets mir hold und gnädig:
Denn, wenn je uns Reichtum, wenn Kinder
Lust gewähren oder vielgepriesene
Königsgewalt und die süßen Schmerzen,
Die wir heimlich erjagen in Aphroditens Netzen;
Oder wenn je irgend Freude Gott den Menschen
Gab und Ruhe und Arbeit:
Nur wo du bist, selige Hygieia,
Blüht dies alles, glänzt der Anmut Frühling;
Doch ohne dich ist niemand glücklich.

Ariphron von Sikyon

16. Die Burg von Tiryns: Blick auf den Ostwall der Burganlage. Von Süden sieht man in den Zwinger, rechts das Osttor, der Haupteingang zur Burg, mit dem mächtigen Turm, der den Eingang schützte.

17. Carl Rottmann: Tiryns. Aquarell und Bleistift. 1843. München, Staatliche Graphische Sammlung.

„In der Ebene von Argolis erheben sich mächtige Felsenstücke, durch Menschenhände übereinander geschichtet, – die Trümmer von Tiryns. Sie gehören zu den wenigen Zeugen aus der Heroenwelt."

18. Carl Rottmann: Sparta – Taygetos. Enkaustik auf Steinguß. 1841. München, Neue Pinakothek.

„Der Taygetos ... ist der höchste Berg im griechischen Festland und mit ewigem Schnee

bedeckt. Westlich das Thal abschließend bildet er mit seinen vielen zerklüfteten Vorbergen einen eigenthümlichen Gegensatz zu der ruhigen Ebene, und jener Reiz ... ist hier in colossaler Wirkung geboten."

19. Das Asklepieion von Epidauros von Westen: Blick in das Abaton. Diese Schlaf- und Liegehallen waren wichtigster Bestandteil des Heilerfolges. Hier legten sich die Kranken zum Heilschlaf nieder, damit Asklepios ihnen im Traum erscheinen und sie von ihren Leiden befreien konnte.

20. Die Tholos von Epidauros von Westen: Der große dorische Rundtempel war einst der schönste Bau des Asklepios-Heiligtums von Epidauros. Unter dem Boden der Cella sieht man heute drei labyrinthische Gänge, deren Bedeutung jedoch unbekannt ist. Hinter der Tholos die Reste des Asklepios-Tempels, ebenfalls aus dem 4. Jahrhundert v. Chr. Im Hintergrund der Berg Kynortion.

21. Das Theater von Epidauros von Westen: Im 3. Jahrhundert v. Chr. errichtet, ist es heute das besterhaltene antike Theater in Griechenland. Eingelassen in die Nordflanke des Kynortion, bot es 15 000 Besuchern Platz, die hier den alle vier Jahre stattfindenden Asklepieia – Theateraufführungen und musischen Wettkämpfen – beiwohnten.

DIE HEILUNG

Ich glaube, daß die großen Scharen, die die lange Wanderung nach Epidauros aus allen Winkeln der Alten Welt her unternahmen, bereits geheilt waren, ehe sie eintrafen. Während ich in dem seltsam lautlosen Amphitheater saß, dachte ich an die lange und gewundene Fahrt, auf der ich schließlich zu diesem heilsamen Mittelpunkt des Friedens gelangte. Niemand hätte eine verworrenere Reise wählen können als ich. Über dreißig Jahre lang bin ich umhergeirrt wie in einem Labyrinth. Ich hatte jede Freude, jede Verzweiflung gekostet, aber ich hatte nie gewußt, was Friede ist. Alle meine Feinde, einen um den anderen, habe ich unterwegs besiegt, aber den größten Feind von allen hatte ich nicht einmal erkannt – mich selbst. Als ich das stille, in marmornes Licht gebadete innere Rund des Amphitheaters betrat, kam ich zu jenem Punkt, dem toten Mittelpunkt, von dem aus das leiseste Flüstern wie ein fröhlicher Vogel emporsteigt und über dem Kamm des niederen Hügels verschwindet, wie das Licht eines klaren Tages vor der schwarzen Nacht zurückweicht.

Henry Miller

Tempel und Krankenhäuser einten sich dort zu einem heiligen Bezirk. Der kluge Sinn der priesterlichen Leitung sorgte sogar durch ein Theater (das umfangreichste in Hellas) für seelische Unterhaltung und Stärkung der aus allen Weiten herbeieilenden Patienten. Die reichen Weihgeschenke, die diese hier nach der Genesung oder zu deren Erflehung stifteten, erinnern lebhaft an ähnliche Gebräuche in katholischen Kirchen und Gnadenorten ... Es ist ein seltsames Gemisch von fachärztlicher Kunst und altem Glaubensgut ... Ganz sachliche Chirurgie, Kräuterkunde, Fieberbehandlung, Bäder, interne Eingriffe usw. mischten sich mit wohl hypnotischen Beeinflussungen, wohl auch Suggestion und Magnetismus, Tempelschlaf (Inkubation), Gebeten. Hier sehen wir, daß Asklepios, der zwar ein Sohn des Lichtgottes war, doch mit chthonischen Mächten eng verknüpft sein mußte. Daran mahnt auch sein Symbol und Attribut: die Schlange; er führte den von diesem Reptil umwundenen Schlangenstab, den heute noch die Ärzteschaft bildlich als ihr Zeichen benutzt. Übereinstimmend wird berichtet, daß in Epidauros wirkliche Wunderkuren mit größtem Erfolg vollzogen wurden, besonders in der Heilung des Augenlichtes. Die Patienten mußten ein Opfer bringen, meist einen Widder, und sich auf das Fell des geopferten Tieres zum Schlaf hinstrecken. Dann soll ihnen nachts der Gott erschienen sein und ihnen die Art des Leidens und die Heilmittel im Traum angegeben haben, ja oft sie schon durch diesen einen Tempelschlaf geheilt haben. Wunden wurden durch die dem Gotte heiligen Hunde oder Schlangen beleckt und so gebessert.

Thassilo von Scheffer

Hinter der Sanftmut des Maßes, hinter Quelle, Schatten und Licht, lauert auch hier das dunkle Gesicht der Herrin von Argos. Selbst Polyklets Theater hatte nicht vermocht, den düsteren Glanz zu vertreiben, der vom Spinnengebirge hinabsank. Wenn die Athleten sich im Stadion salbten, glotzten die Krüppel, die zu der heiligen Quelle gewallfahrtet waren. Aussätzige hockten auf steinernem Sitz im Theater, Verdammte, Schwestern Medeas, Brüder Orests, voll Gier und Erwartung, daß der Schrei die Maske verließ und zu den Rängen empordrang: Einbeziehung, Vermischung der Schrecken, Versöhnung im blutigen Dampf. –

Widerspruch allüberall! Auch der Heilgott kam ja in Trance und Nacht, im Tempel zischten die Schlangen. Wenn es dunkel war, glühten die Augen, und Basiliskenblicke kreuzten sich – hier die silbernen Schlitze der Vipern, und dort, von jähem Erschrecken gespannt, die Netzhaut der Kranken: eine ganze Nacht lang waren sie durch die Gänge geirrt, durch Höhlen und Grotten, labyrinthische Pfade, durch Eiter und Schleim, durch Lehm und sumpfiges Wasser, einzeln, in Gruppen, hautnah aneinander geklammert, verloren und wiedergefunden, von Jubelschreien genarrt, vom Echo getäuscht, erschöpft und ermattet, gestützt und getragen – wer liegen bleibt, steht nie mehr auf –, auf Krücken und Rollen – wann sehn wir die Schlangen, wann blitzen die Stäbe des Käfigs?

Der Blinde wird sehend, der Lahme springt die Treppen hinauf, der Stumme schreit: gebenedeit sei der Gott von Malea, gebenedeit Bernadette Soubirous!

Genesung in Wirbeln der Angst, Schamanengesang; der Gott naht im Traum, gebt alles dahin, seid müde, trinkt von der Quelle, die Schlangen sind heilig, heilig ist die Piscine! Wallfahrtszauber, Wunderprotokolle, Reliquien, künstliche Glieder: was einst in Epidauros begann, geht in Lourdes nicht zu Ende.

Lächelt der Gott von Malea? Braucht er den Krieg, damit der Kreislauf nicht stockt, das Elend nicht abnimmt; ist Ares sein Brotherr? Solange die Herren von Mykene noch leben, steht nicht zu befürchten, daß die Elendsbaracken sich leeren. Der uralte Wechselgesang: Epidauros – Mykene; das Pentagon und die Piscine.

Walter Jens

Nikesibule von Messene schlief, um Kindersegen zu erhalten, im Heiligtum und sah einen Traum. Es träumte ihr, der Gott sei mit einer Schlange, die ihm folgte, zu ihr gekommen, mit dieser habe sie verkehrt. Und darauf empfing sie übers Jahr zwei Knaben.

Ein Hund heilte einen Knaben von Aigina. – Dieser

hatte ein Gewächs am Hals. Als er zu dem Gott gekommen war, pflegte ihn einer von den heiligen Hunden im Wachen mit seiner Zunge und machte ihn gesund.

Ein Mann wurde am Zehen geheilt von einer Schlange. – Dieser war von einem bösartigen Geschwür am Fußzehen in schlimmer Verfassung. Er wurde am Tag von den Dienern herausgebracht und saß auf seinem Sessel. Als ihn der Schlaf ergriffen, kam eine Schlange aus dem innersten Gemach des Heiligtums, heilte seine Zehe mit der Zunge und zog sich, nachdem sie das getan, ebendahin zurück. Als er aufwachte und gesund war, sagte er, er habe ein Gesicht gesehen, es habe ihm geträumt, daß ein Jüngling von schöner Erscheinung eine Arznei auf den Zehen aufgestrichen habe.

Heilung eines stummen Mädchens. – Als diese im Heiligtum umherlief, sah sie eine Schlange von einem der Bäume im Hain herabkriechen. Voller Furcht schreit sie sofort nach Mutter und Vater; und gesund ging sie weg.

Euphanes, Knabe aus Epidauros. – Dieser, der an Blasensteinen litt, schlief im Tempel. Da schien es ihm, als ob der Gott zu ihm trete und sage: „Was gibst du mir, wenn ich dich gesund mache?“ Und er habe gesagt: „Zehn Schusser“. Da habe der Gott gelacht und verheißen, ihn zu heilen. Als es Tag geworden, ging er gesund von dannen.

Nikanor – lahm. – Während er wach im Tempel saß, entriß ihm ein Knabe seine Krücken und lief damit weg. Da stand er auf, lief ihm nach und war von da an gesund.

Heraieus aus Mytilene. – Dieser hatte auf dem Kopf keine Haare, am Kinn aber sehr viele. Er schämte sich, da er von den anderen verlacht wurde, und schlief (im Tempel). Diesem salbte der Gott mit einem Heilmittel den Kopf und bewirkte, daß er Haare hatte.

Heilberichte aus Epidauros

DAS THEATER

Die Epidaurier haben in dem Heiligtum ein Theater, das nach meiner Meinung besonders sehenswert ist. Die der Römer übertreffen alle anderen überall durch ihre Ausstattung, das arkadische in Megalopolis tut es durch seine Größe. Welcher Architekt könnte aber wohl hinsichtlich Ebenmaß und Schönheit mit Polyklet wirklich in Wettbewerb treten? Denn Polyklet war es, der sowohl dieses Theater wie auch den Rundbau errichtet hat. *Pausanias*

Der schönste Überrest ist das Theater, an der Südostseite des Tales an den Berg Kynortion gelehnt. Es ist von allen in Griechenland noch vorhandenen Theatern das besterhaltene, von allen griechischen Theatern überhaupt das bewundernswerteste. Nur das Szenengebäude fehlt fast ganz, dagegen ist der Raum für die Zuschauer sozusagen unverändert, wie im Altertum, mit allen seinen Sitzen geblieben ... Es ist aber nicht nur die gute Erhaltung, welche dieses Theater so sehr der Aufmerksamkeit wert macht, sondern ebenso viel oder noch mehr seine prächtige Konstruktion. Es ist ein Werk aus der besten Zeit der griechischen Kunst, wie der erwähnte Rundbau, von dem auch als Architekt ausgezeichneten, großen argeischen Bildhauer Polykleitos aus einem feinen, etwas bläulichen Marmor aufgeführt. Man erkennt hier wieder, wie an den Tempeln der Akropolis von Athen, jene Eigenschaft der griechischen Kunst, bis ins Einzelnste, scheinbar Unbedeutende dem Werke die höchste Vollendung zu geben. Die Profile der einzelnen Stufen und ganz besonders der Lehnen an dem breiten Umgange zeigen eine unbeschreibliche Schönheit und Feinheit und nicht minder vortrefflich ist die Fügung der Steine. *Wilhelm Vischer*

Im Theater von Epidauros machte ich den ersten Versuch, die von den modernen Baumeistern unerreichte Akustik in den antiken Theatern zu erproben ... In dem obersten erhaltenen Sitze war mir der Anfang des Faust in jeder Silbe verständlich wie den anderen, als ich unten den Anfang des Oedipus auf Kolonos vortrug. *Ulrich von Wilamowitz-Moellendorff*

Epidauros: Blick auf die Küste.

SPARTA

Wo einst das Wagnis Sparta bestand, gedeiht heute Getreide, weitet sich ein feierlicher Olivenhain. Was fand ich von der Stadt der Tindariden? ...

Diese von Däubler so enttäuschend empfundene Spärlichkeit antiker Monumente dankt Sparta nicht zuletzt schon seinem legendären Gesetzgeber Lykurg, der den Spartiaten jeglichen Luxus verboten haben soll. Dem Mythos nach Herrschersitz der Dioskuren und Herakliden, war Sparta ein dorischer aristokratischer Gemeindestaat, angesiedelt in der Ebene des Eurotas-Tales am Fuße des Taygetos-Gebirges. Die zunächst aus fünf Dörfern bestehende Siedlung reicht bis in das 11. vorchristliche Jahrhundert zurück, wurde aber erst in hellenistischer Zeit mit einer Stadtmauer umgeben. Im 7. Jahrhundert v. Chr. und der ersten Hälfte des 6., der Blütezeit Spartas, entstanden die Heiligtümer: auf der Akropolis ein Tempel der Athena Chalkioikos, der für seine mit Bronzeplatten verkleideten Holzwände berühmt war. In den Altwässern des Eurotas, einem Sumpfgebiet, wurde Artemis Orthia in einem Heiligtum verehrt, dessen älteste Reste bis ins 8. Jahrhundert v. Chr. hinaufreichen. Hier soll die rituelle Geißelung der spartanischen Knaben stattgefunden haben. Am Abhang der Akropolis entstand im 3. Jahrhundert v. Chr. ein Theater, welches Kaiser Augustus erneuern ließ.

Der rücksichtslose Hegemonialanspruch, den Sparta schließlich auch Athen gegenüber behaupten konnte, als es den Peloponnesischen Krieg (431–404 v. Chr.) gewann, endete jedoch bereits im darauffolgenden Jahrhundert, als ein allmählicher Niedergang der Stadt einsetzte.

TAL UND HÖHE

Wenn Sparta verödete und nur die Tempel und Grundmauern der Bauten blieben, würden gewiß die Späteren nach Verlauf langer Zeit voller Unglauben seine Macht im Vergleich zu seinem Ruhm bezweifeln

– und doch haben die Spartaner vom Peloponnes zwei Fünftel zu eigen und sind die Vormacht des Ganzen und noch vieler Verbündeten außerhalb; aber da sie nicht in einer Stadt beisammenwohnen und keine kostbaren Tempel und Bauten haben, sondern nach altgriechischem Brauch dorfweise siedeln, so könnte Sparta eher armselig wirken. Wenn es aber Athen ebenso ginge, so würde seine Macht nach der sichtbaren Erscheinung der Stadt doppelt so hoch geschätzt werden, als sie ist. Also ist kein Grund zu zweifeln und auf die Pracht einer Stadt.mehr zu geben als auf ihre Macht.

Thukydides

Wir zogen endlich nach dem Spartaner-Land über einen der schönsten Teile des großen Taygetus, welcher in malerischer Hinsicht eine der schönsten Reisen in Griechenland gewährt. Man trifft in seinen großen und weiten Schluchten auf die größten Naturszenen, die den Geist in Staunen und Bewunderung setzen und die wir zum Teil im Mondlicht sahen, das sie in ganz eigne schöne Effekte setzte.

5. Nov. 1814 *Karl Haller von Hallerstein*

Sparta lag ... vor meinen Augen, und sein Theater, das ich gleich bei meiner Ankunft entdeckte, zeigte mir auf der Stelle die Lage der Stadtquartiere und der Denkmäler. Ich stieg ab und eilte schnell nach dem Hügel der Zitadelle hinauf.

Als ich auf dem Gipfel derselben ankam, stieg die Sonne hinter dem menelaionischen Gebirge herauf. Welch' ein herrliches Schauspiel! Aber zugleich wie traurig! Der träge unter den Trümmern der Brücke Babyx dahingleitende Eurotas, auf allen Seiten die Schutthaufen, und zwischen diesen Ruinen keine Seele! Unbeweglich stand ich da, ergriffen von staunender Betäubung starrte ich diese Szene an. Ein Gemisch von Bewunderung und Schmerz hemmte meine Schritte und meine Gedanken.

Alles schwieg um mich her: ich wollte an diesen Orten, wo sich keine Menschenstimme mehr hören läßt, den Widerhall sprechen lassen, und schrie aus allen Kräften: „Leonidas!". Keine Ruine gab mir den großen Namen zurück, und Sparta selbst scheint sein vergessen zu haben.

Wenn Ruinen, an die sich erhabene Erinnerungen knüpfen, die Eitelkeit aller Dinge hienieden zeigen, so muß man doch gestehen, daß Namen, welche Reiche überleben und Zeiten und Örter unsterblich machen, etwas sind. Laßt uns überhaupt den Ruhm nicht zu sehr herabwürdigen. Nichts, mit Ausnahme der Tugend, ist schöner als er. Die vollkommenste Glückseligkeit dieses Lebens besteht darin, daß man den einen mit der anderen verbinde. *F. R. de Chateaubriand*

Die Altertümer sind nicht bedeutend, fast alles von späterer Epoche; desto lachender ist die Natur, die lachende, von Wiesen und Getreidefeldern grünende, mit Maulbeeren, Oliven, Feigen reich bepflanzte Ebene, über der sich unmittelbar die steile, von tiefen Klüften zerrissene Felswand des Taygetus erhebt, mit reichlichem Schnee auf den Gipfeln, von dem man sich wundern muß, wie er bei der Hitze, die wir haben, ausdauern kann.

22. Mai früh 1840 *Carl Otfried Müller*

Den Morgen verbracht, die Riemen meiner Sporen zu nähen, was mir ziemlich auf die Nerven geht ... Es ist windig und kalt, das Wetter scheint sich ein wenig aufzuklären; wir verlassen Sparta, von zwei Gendarmen eskortiert, wir kehren zum Theater zurück.

Man sieht nur noch die Halbkreisform in der Erde und zwei Steinschichten oder kleine Stücke Steinmauer zu beiden Seiten. Die Lämmer, in ihrem runden Gehege, drehen sich im Rund und blöken alle.

Wir folgen derselben Straße wie gestern, zwischen grünen Hügeln und dem Eurotas, es sind kleine runde Hügel, die aufeinander folgen; an den Ufern des Flusses grüne viereckige Felder, Schilf, Maulbeerbäume, Silberpappeln, doch in geringer Anzahl, Schwertlilien, Euphorbien; auf der anderen Seite des Flusses eine Art roter gerader Wand mit scharfer Linie am gleichmäßigen Kamm.

Der Taygetos senkt sich, je weiter man ihm in westlicher Richtung folgt; die Kämme seiner Längszüge sind grau, die Einschnitte dunkelgrün und mit Tannen bedeckt, wodurch die Schatten, die Vertiefungen dunkler erscheinen, da die hervortretenden Teile im Lichte liegen; der Gipfel ist mit Schnee bedeckt, und die Schneeflächen mit Wolken, sie lagern sich auf dieser Seite auf dem Berg und lassen alle anderen Teile des Himmels stufenweise in immer größerer Klarheit.

Gustave Flaubert

Unter knorrigen alten Ölbäumen forschen wir auf dem trockenkrümeligen Boden nach Resten des alten Sparta. Erwarten wir doch auch hier deutliche Zeichen vergangenen Seins, etwas, das uns von Größe und Macht dieses Staates leibliche Kunde gibt. Doch nur unbeträchtliche Fundamente von Versammlungshallen und Theatern bemerken wir und die schon wieder der Erde verschmolzenen Reste namenloser Tempel ...

Nur der Taygetos redet hier. Unter diesem Berg lebend sich genießend der Fruchtbarkeit der Landschaft hinzugeben, war selbst für den südhungrigsten Nordstamm nicht möglich. Nichts Plumpes dabei in der gewaltigen Erscheinung: jede Veränderung in der Beleuchtung, jede andere Tageszeit läßt neue Farben und

Formen hervortreten und gibt so dem Berg etwas sehr Lebendiges, selbst Abenteuerliches und Aufreizendes. Der Taygetos ist ein Berg, dessen Nähe Behagen verbietet. Er leuchtet wie eine beständige Lockung zur Gefahr, zum Heldischen in die Ebene. Landschaft wurde zum Schicksal …

Die lakonische Ebene endet in einer weiten Meeresbucht. Trotzdem ist die Landschaft als solche meerabgewandt. Ihre innere Richtung weist nach Norden. Dort macht das frühe Sparta seine Eroberungen, ehe es seine Kraft für die Unterwerfung und Niederhaltung Messeniens sammelt; dort liegt seine Brücke zur griechischen und außergriechischen Welt. Schwerfällige Karren mit Holzscheiben statt Speichenrädern bilden die Verbindung, nicht die bunten Meerschiffe mit den silberglänzenden Schnäbeln und den langen Rudern. Die Meerferne der Spartaner ist die Folge einer inneren Entscheidung. Sie ist keine Eigenschaft ihres Stammes, der Dorer überhaupt. Denn in Korinth, Ägina, Syrakus erwiesen diese sich von einer Seefreudigkeit, die keinem anderen Stamme etwas nachgab. Erst am Ende seiner großen Zeit, seiner Eigenzeit, geht Sparta gezwungen, nicht aus freiem Willen, auf das Meer. Über der messenischen Ebene liegt überall ein Schimmer der See, die in dem Üppigen der Landschaft wirkend zu sein scheint. Die spartanische Ebene ist trotz guter Häfen nur Land, geschlossenes Land. *Ernst Wilhelm Eschmann*

Kastor und Polydeukes, die Tyndariden, besinge,
Muse des hohen Gesangs, die Söhne des Zeus
im Olympos!
Unter Taygetos Gipfeln gebar sie die würdige Leda,
Heimlich ergab sie sich dort dem
dunkel umwölkten Kronion.
Heil euch Tyndariden, ihr Tummler hurtiger Rosse!

Homerischer Rhapsode

DER SPARTANISCHE KOSMOS

Die Zucht erstreckte sich bis auf die Erwachsenen. Keinem stand es frei, zu leben, wie er wollte, sondern sie lebten in der Stadt wie in einem Feldlager nach strengen Vorschriften für all ihr Verhalten und ihre Beschäftigung in der Öffentlichkeit, und überhaupt glaubten sie nicht sich, sondern dem Vaterlande zu gehören. War ihnen nichts anderes zu tun befohlen, so beaufsichtigten sie die Knaben und lehrten sie etwas Nützliches oder ließen sich selbst von den Älteren unterweisen. Dies war ja einer der großen und beneidenswerten Vorteile, die Lykurgos seinen Mitbürgern verschafft hatte: die reichliche Muße, da es ihnen nicht gestattet war, irgendein niederes Gewerbe zu betreiben, und sie sich überhaupt nicht mit Gelderwerb und mühseligen Geschäften zu befassen brauchten, weil Reichtum ganz verächtlich und wertlos geworden war. Die Heloten bearbeiteten für sie das Land und lieferten die vorgeschriebene Abgabe ... Übrigens verschwanden zugleich mit dem Gelde auch die Prozesse, da es bei ihnen keine Habsucht und keine Armut mehr gab, sondern Gleichheit in Wohlstand und Unbeschwertheit in aller Einfachheit hergestellt war. Reigentänze, Feste, Schmause und Zeitvertreib mit Jagd, auf den Turnplätzen und in den Sprechhallen gab es das ganze Jahr, außer wenn sie im Felde lagen. *Plutarch*

So steht es mit den Lakedaimoniern: im Einzelkampf halten sie sich so wacker wie jedes andere Volk, aber im Massenkampf sind sie allen Völkern überlegen. Wenn sie auch frei sind, sind sie doch nicht ganz frei. Ihr Herr ist das Gesetz ... Sie gehorchen seinem Befehl, und sein Befehl ist immer derselbe: keiner Heeresmacht je zu weichen, sondern fest in der Schlachtreihe zu stehen und zu siegen oder zu sterben. *Herodot*

Sparta an sich war gewissermaßen die vollendetste Darstellung der griechischen Polis, zugleich aber bildete es das Gegengewicht zu dem ganzen übrigen, teils anders gearteten, teils ganz anders entwickelten Griechenland, und da ihm in der großen Krisis alles griechischen Lebens zu Ende des 5. Jahrhunderts der Sieg geblieben, den es dreißig Jahre hindurch schonungslos genoß, so war die Blendung eine große und allgemeine und überdauerte auch das nachherige Unglück. Je tiefer das wirkliche Sparta sank, desto mehr wurde das frühere dann verklärt. Dieser Staat war eben noch mehr beneidet als verabscheut gewesen und manche andere Polis wäre gerne auch so geworden, hatte sich aber andere Kräfte, nämlich Demokratie und Individualismus über den Kopf wachsen lassen ... Es ist noch niemals gelinde zugegangen, wenn sich eine neue Macht bildete, und Sparta ist wenigstens wirklich eine solche geworden, im Verhältnis zu allem, was ringsum lebte; es hat es aber auch der ganzen gebildeten Welt auferlegen können, daß sie Kenntnis nehmen muß von ihm bis an den Abend ihrer Tage, so groß ist der Zauber eines mächtigen Willens selbst über späte Jahrtausende, auch wenn keine Sympathie dazu mithilft. Die Macht kann auf Erden einen hohen Beruf haben; vielleicht nur an ihr, auf dem von ihr gesicherten Boden können Kulturen des höchsten Ranges emporwachsen, Spartas Macht aber scheint fast nur um ihrer selbst und ihrer Behauptung willen auf der Welt gewesen zu sein, und ihr dauerndes Pathos ist die Knechtung der Unterworfenen und die Ausdehnung der Herrschaft an sich.

Jakob Burckhardt

Ich muß ein monströses Geständnis ablegen, ich muß gestehen, daß ich Sparta ebenso liebe wie Athen und daß ich, sollte ich wählen, ob ich in die Existenz eines Spartaners oder Atheners zurückversetzt würde, mich nicht ohne weiteres für die attische Bürgerschaft entscheiden könnte – so stark ist der Sog, den die Geschlossenheit des lakedaimonischen Bundes ausübt, so sehr lockt mich die dort angebotene Möglichkeit des mutigen Todes ... *Gerhard Nebel*

Eine Spartanerin, deren Söhne aus der Schlacht geflohen waren und zu ihr kamen, sprach: „Wo seid ihr hingeflohen, elende Sklaven, wollt ihr etwa wieder dahin, wo ihr herausgekommen seid?“ Und bei diesen Worten hob sie ihr Kleid in die Höhe und zeigte ihnen den Leib.

Eine andere Spartanerin gab ihrem Sohne, welcher behauptete, er habe nur ein kleines Schwert, die Antwort: „So setze einen Schritt daran“.

Eine dritte Spartanerin schrieb ihrem Sohne, von dem sie gehört, er habe sich durch die Flucht vor den Feinden gerettet: „Ein übles Gerücht hat sich über dich verbreitet; mach ihm jetzt ein Ende, oder höre auf zu leben!“ *Plutarch*

Der Limnaion zubenannte Platz ist ein Heiligtum der Artemis Orthia. Das Schnitzbild soll dasjenige sein, das einst Orestes und Iphigenie aus dem Lande der Taurier entführten. Die Spartaner sagen, es sei in ihr Land gebracht worden, da Orestes hier auch König war ... Es erging ein Spruch an sie, den Altar mit Menschenblut zu bespritzen. Als geopfert wurde, wen das Los traf, ersetzte Lykurgos das durch die Geißelung der Epheben, und so wird der Altar ebenfalls mit Menschenblut bespritzt. *Pausanias*

OLYMPIA

Hier opferte die Blüte der hellenischen Jugend dem Götterpaar, ehe sie den heiligen Kampf um den Ölzweig des olympischen Siegers begann … (Rudolf Hagelstange)

Am Zusammenfluß von Kladeos und Alpheios liegt in der peloponnesischen Landschaft Elis, etwa 20 Kilometer vom Meer entfernt, das Heiligtum des Olympischen Zeus. Unterhalb des Kronoshügels breitete sich der Heilige Bezirk, die Altis, aus. Ist auch die Gründung von Olympia in mythisches Dunkel gehüllt – schon in vormykenischer Zeit war der Ort erstmals besiedelt –, so rückte Olympia seit 776 v. Chr. in helles Licht, in dem Jahr nämlich, in dem es zum ersten Mal Schauplatz der alle vier Jahre stattfindenden Spiele wurde. Bauliche Reste aus diesem Jahrhundert sind jedoch nicht auf uns gekommen. Die frühesten, in den Fundamenten noch erhaltenen Gebäude stammen aus dem 6. Jahrhundert v. Chr. Zu Beginn dieses Jahrhunderts entstand einer der ältesten Tempel Griechenlands, das Heraion, ein großer Ringhallentempel mit einer dreischiffigen Cella, welche das Kultbild mit Hera und Zeus barg.

Erst über ein Jahrhundert später wurde unter der Leitung des Architekten Libon mit dem Bau des gewaltigen Zeus-Tempels begonnen, des größten Tempels der ganzen Peloponnes. Für seine Cella schuf Phidias das Goldelfenbeinbild des 12 Meter hohen sitzenden Olympiers, eines der sieben Weltwunder. Jenseits des Heiligen Bezirkes hatte Phidias seine Werkstatt, in ihren Maßen denen der Cella des Zeus-Tempels entsprechend.

Zwischen Heraion und Zeus-Tempel befand sich das sogenannte Pelopion, ein fünfeckig ummauerter Bezirk, Kultmal des mythischen Königs Pelops. Diesem als Heros verehrten König galt in frühester Zeit der Kult, bevor er auf Zeus übertragen wurde. In der Nähe des Pelopions ließ König Philipp von Makedonien nach der Schlacht von Chaironea (338 v. Chr.) sich und seiner Familie einen Rundbau errichten, der zur Aufnahme goldelfenbeinerner, von Leochares gearbeiteter Statuen der Königsfamilie bestimmt war. Unterhalb der mit 12 Schatzhäusern besetzten Terrasse am Fuße des Kronoshügels, befand sich ein kleiner Ringhallentempel, entstanden um 400 v. Chr., der zunächst der Göttermutter geweiht, in der römischen Kaiserzeit dann jedoch dem Kaiserkult diente. Außerhalb des Heiligen Bezirkes im Osten, durch die fast 100 Meter lange Echohalle vom Heiligtum getrennt, ist das Stadion heute wieder in seiner ursprünglichen Form aus Erdwällen errichtet.

Als größtes panhellenisches Heiligtum hat Olympia, trotz manchen Wandels (Berufsathletentum), bis weit in die römische Kaiserzeit seine Bedeutung behalten. Pausanias gibt eine ausführliche Beschreibung des Heiligtums um 180 n. Chr. Im Jahre 267 n. Chr. mußte man sich gegen einen Einfall der Heruler schützen. Das Heiligtum wurde reduziert, bis schließlich 391 n. Chr. Kaiser Theodosius der Große die Olympischen Spiele verboten hat.

DER ORT

Rings umschlossen, still, verlassen lag die Ebene von Olympia vor uns ausgebreitet. Südlich ist sie vom Alpheios begrenzt, westlich vom Kladeos, der aus dem Pholoë-Gebirge herabkömmt. Im Norden erhebt sich der Kronion, und nach Westen zu schließen bewachsene Hügel das Tal mit einem steilen, spitzen Berge ... Darüber weg erheben sich Arkadiens schroffe Berghäupter und schließen ein Landschaftsbild, würdig, die Pracht der Tempel und Heiligtümer zu umgeben ... Was hier einst Großes und Kunstvolles geschaffen worden, hat der Alpheios, den ursprünglichen Lauf verlassend, in seinem Bette begraben. Verschwunden ist der dem Zeus geweihte heilige Hain, die Altis mit der ganzen Fülle von Standbildern; verschwunden der Tempel des Zeus Olympios, zu dem die Griechen von nah und fern herbeiströmten; verschwunden die unzähligen Heiligtümer von ganz Griechenland. Öde und wüst ist Olympias weites Gefilde, zu dem die berühmtesten Künstler herbeieilten, um in edlem Wettstreit den Ruf der großen Stadt durch Tempel, Altäre und Statuen zu erhöhen.

Otto Magnus von Stackelberg

22. Das Heraion in Olympia: Blick auf die Südostecke des ältesten und am besten erhaltenen Baues von Olympia. Die ursprünglich hölzernen Säulen wurden im Laufe der Jahrhunderte durch solche aus Kalkstein ersetzt, deren Proportionen darum nicht einheitlich sind. Vollendet war der langgestreckte Tempel mit der hölzernen Ringhalle um 600 v. Chr.

23. Carl Rottmann: Olympia. Enkaustik auf Steinguß. 1838/39. München, Bayerische Staatsgemäldesammlungen.
„Die friedliche, in sich abgeschlossene Heiterkeit der Physiognomie, wie sie jenen das

Griechenvolk charakterisirenden und seinem inneren Frieden entblühenden Spielen entspricht, ist ihr geblieben, nur statt der Menschen bunter Menge sehen wir nun ungestört des Waldes heimische Bewohner hier eingekehrt."

24. Hermes mit dem Dionysosknaben. Marmor. Höhe 2,10 m. Museum Olympia. Die Figurengruppe wurde in der Cella des Heraions von Olympia gefunden. Dort sah sie im 2. nachchristlichen Jahrhundert der römische Reiseschriftsteller Pausanias, der sie als ein Werk „in der Art des Praxiteles" bezeichnete. Die Marmorbehandlung und gewisse stilistische Merkmale lassen jedoch vermuten, daß diese Gruppe nicht das praxistelische Original der Zeit um 330/320 v. Chr., sondern eine Kopie ist, die um 100 v. Chr. entstand.

Ich blieb noch etwas länger, um in den Ruinen zu rekapitulieren, und mehr noch, um die Landschaftsbilder fest einzuprägen, das Kronion trotz allem Gestrüpp zu besteigen, den Kladeos entlang zu gehen, den Alpheios etwas aufwärts. Daß diese Landschaft so viel mehr nach Mitteldeutschland (Fulda verglichen einige Kenner) aussah, der Olympier hier keinen Olympos hat, nach dem er hieße, sondern dem Orte, von dem sein Blitz Besitz ergriff, seinen Namen gegeben hat, war eine wichtige Folgerung, die ich für die Religion zog ... Ich nahm von dieser Reise die Überzeugung mit, daß die Archäologie als die Wissenschaft von aller monumentalen Überlieferung, einschließlich dessen, was die ganze Natur des Landes lehrt, an Bedeutung der alten allein auf Sprache und Literatur gerichteten Philologie mindestens gleichwertig ist, aber als bloße Kunst- oder gar Künstlergeschichte noch unzureichender als die alte Grammatik. *Ulrich von Wilamowitz-Moellendorff*

Wenn man es in seinem Leben so weit gebracht hat und es wird einem eines göttlichen Morgens geschenkt, daß man vom Dorfe Olympia die gewundene Straße durch das Zypressenwäldchen hinabgeht zur Altis, zum heiligen Bezirk, dann ist das Glück dies: man betritt einen Wald, durch den streifige Lichtbahnen fallen, einen Hain, der im Sommermorgendunst liegt. Der Tau hing dick auf den Gräsern, vom Boden auf stieg Gewölk, Dampf eines Opfers, das die Erde dem Lichtball der Frühe bringt. Zwischen den Stämmen schwangen die Hügel rosa überatmet im Morgen. Die Finken schlugen besessen, der Kuckuck rief, rief. Fernes und nahes Geläut ausziehender Herden drang mit dem Wind schwach und dann wieder stärker herzu.

Der Genius der Landschaft hat die Einsicht gehabt, das ausgegrabene Trümmerfeld wieder an sich zu nehmen. Vom Kronoshügel ist der Kiefernwald herniedergestiegen. Er hat sich aufgemacht, ist gewandert und hat das durchwühlte Ausgrabungsfeld überdeckt. Wissenschaft, das fragwürdige Leiden, ist wieder verheilt.

Waldgerede, Sommergespräch. Aus den Zapflöchern der gestürzten Säulentrommeln blüht Klee. Schmetterlinge taumeln über dem Boden; er ist mütterlich braun und weich von abgefallenen Nadeln. Es duftet schwerheiß nach Harz ...

Wie sie einst rollten im Tosen der schwankenden Erde, so liegen jetzt noch die ausgegrabenen Säulen, Trommel an Trommel. So ist die Tempelruine zu gleichen Teilen aus dem Fleiß des Aufbaus und dem Zorn der Götter gemacht. Bau und Zerstörung sind zu einem Dritten geworden; das war die einzige Möglichkeit für den Tempel, über die Zeit hinzukommen. Wie gut, daß sie die Säulen umgestürzt ließen; ein Tempel muß doch auch seinen Tod haben. *Erhart Kästner*

Ich ersteige den Kronoshügel. Es riecht nach Kiefernharz. Einige Vögel singen in den Zweigen schön und anhaltend. Im Schatten der Nadelwipfel gedeiht eine zarte Ilexart. Die gewundenen Stämme der Kiefern mit tiefeingerissener Borke haben etwas Wildkräftiges. Ich pflücke eine blutrote, anemonenartige Blume ...

Die Fundamente und Trümmer des Tempelbezirks liegen unter mir. Dort, wo der goldelfenbeinerne Zeus gestanden hat, auf den Platten der Cella des Zeustempels, spielt ein Knabe. Es ist mein Sohn. Etwas vollkommen Ahnungsloses, mit leichten, glücklichen Füßen die Stelle umhüpfend, die das Bildnis des Gottes trug, jenes Weltwunder der Kunst, von dem unter den Alten die Rede ging, daß, wer es gesehen habe, ganz unglücklich niemals werden könne.

Die Kiefern rauschen leise und traumhaft über mir ... Immer noch hüpft der Knabe um den Standort des Götterbildes, das, hervorgegangen aus den Händen des

Pheidias, den Wolkensammler, den Vater der Götter und Menschen, darstellte; und ich denke daran, wie, der Sage nach, der Gott mit seinem Blitz in die Cella schlug und auf diese Art dem Meister seine Zufriedenheit ausdrückte. Was war das für ein Meister und ein Geschlecht, das Blitzschlag für Zustimmung nahm! Und was war das für eine Kunst, die Götter zu Kritikern hatte ! ...

Und dann schreite ich wieder zwischen den grauen Trümmern hin, die eine schöne Wiese bedecken. Überall saftiges Grün und gelbe Maiblumen. Das Elsterpaar von gestern fliegt vor mir her. Die Säulen des Zeustempels liegen, wie sie gefallen sind: die riesigen Porostrommeln schräg voneinander gerutscht. Überall duftet es nach Blumen und Thymian um die Steinmassen, die sich im wohltätigen Scheine der Morgensonne warm anfühlen. Von einem jungen Ölbäumchen, nahe dem Zeustempel, breche ich mir, in unüberwindlicher Lüsternheit, seltsamerweise zugleich fast scheu wie ein Dieb, den geheiligten Zweig. *Gerhart Hauptmann*

DER TEMPEL

Eine steile Rampe führt von Osten hinauf, die Vorhalle ist noch zum Teil mit prachtvollem buntem Marmor, der Eingang mit einem reizenden Kieselmosaik gepflastert. Nicht eine Säule steht; zur Rechten und zur Linken des Tempels liegen sie in ihrer ganzen Länge hingestreckt, wie das Erdbeben sie geworfen hat, Trommel an Trommel auseinandergebrochen und die ungeheuren dorischen Kapitelle vornübergerollt wie abgeschlagene Riesenhäupter. Ich brauche nicht zu fragen, wem dieser Tempel gehört hat, seine herrschende Höhe und Größe sagt es mir: ich bin im Haus des olympischen Zeus.

Zwei wundervolle Giebelfelder, die jetzt im Museum von Olympia stehen, haben einst sein Dach geschmückt. Man mag sie noch so gut aus Güssen und Abbildungen kennen, man weiß doch nichts von ihnen, bis man sie auf dem Boden sieht, für den sie geschaffen wurden. Es sind Werke einer noch nicht völlig ausgewachsenen Kunst, aber in ihrem herben Adel und durch den Bezug auf eine lebendige Gegenwart so unmittelbar ergreifend wie wenig andere ...

Am Westgiebel sah man den Kampf der Kentauren und Lapithen, eine wildbewegte Gruppe ... In der Mitte des Getümmels steht riesengroß ein Apollon von unerhörter Schönheit, die erhabene Verkörperung des ruhigen Zorns. Mit solcher Gebärde muß er auf der Mauer Trojas gestanden haben, der furchtbar lächelnde Jünglingsgott, als Patroklos in der Wehr des Peliden anstürmte, so traf er ihn unsichtbar mit der ausgestreckten Hand in den Rücken. Wie genau sie doch einen jeden ihrer Götter kannten, diese wunderbaren Griechenkünstler. Den Apollon des Alkamenes wird niemand vergessen, der ihn in Olympia gesehen hat.

Isolde Kurz

Das Museum von Olympia ist bewußt und glücklich in die Landschaft von deutschen Baumeistern hineingepaßt worden. Es kann besonders in der Farbe mit seinem Rot und Blau ein Bild davon geben, wie die alten bemalten Tempel in der Landschaft ausgesehen haben. Im großen Saale stehen ... die beiden gewaltigen marmornen Giebelgruppen des Zeustempels. Ich liebe den obgleich älteren und härteren Ostgiebel mit seiner gebannten fürchterlichen Ruhe, die Aufstellung zum Kampfe zwischen dem kühnen Pelops, von dem dieses Land den Namen hat, und dem schrecklichen Oinomaos. Die Gruppe gehört in die Landschaft, denn das gewaltige verbrecherische Wagenrennen um die Hippodameia ging unten vom Alpheios aus. Wenn man den Blick von den gelben Marmoren abwendet, sinkt er durch die geöffneten Flügeltüren hinaus in die grünbläuliche Landschaft und auf den glitzernden Alpheios. Dann betrachte ich das Köstlichste, was das Museum birgt, die Metopen des Zeustempels mit den Taten des Herakles. Auch von diesen haben sich etliche in diesem Lande abgespielt und Herakles ist der Stifter der olympischen Spiele. Die Reinigung des Augiasstalles und die Holung der Äpfel der Hesperiden kann man fast auffassen als zwei Landschaftsdarstellungen der Alten, mit denen diese so sparsam waren, doch durchaus umgedeutet in menschliche Taten. *Josef Ponten*

DIE GÖTTERBILDER

Der Tempel war durch eine Menge von Weihgeschenken geschmückt, die aus ganz Hellas dort niedergelegt wurden. Zu diesen gehörte auch der Zeus aus getriebenem Golde, ein Weihgeschenk des korinthischen Herrschers Kypselos. Das größte unter allen aber war die Bildsäule des Zeus, die der Athener Phidias, der Sohn des Charmidas, aus Elfenbein und in solcher Größe verfertigt hatte, daß der Künstler trotz der Größe des Tempels doch einen Verstoß gegen das richtige Verhältnis gemacht zu haben schien, indem er ihn sitzend und doch beinahe mit dem Scheitel die Decke berührend dargestellt hatte, so daß er die Vorstellung veranlaßte, er werde, wenn er aufstände und sich gerade aufrichtete, den Tempel abdecken. *Strabon*

Der Gott sitzt auf einem Thron und ist aus Gold und Elfenbein gemacht, und ein Kranz liegt auf seinem Haupt in Form von Ölbaumzweigen. In der Rechten trägt er eine Nike, ebenfalls aus Elfenbein und Gold, die ein Band hält und auf dem Kopf einen Kranz hat. In der linken Hand des Gottes befindet sich ein Szepter, mit lauter Metalleinlagen verziert. Der Vogel, der auf dem Szepter sitzt, ist der Adler. Aus Gold sind auch die Sandalen des Gottes und sein Gewand ebenso; an dem Gewand sind Figuren und Lilien angebracht. Der Thron ist in abwechslungsreicher Arbeit aus Gold und Steinen und Ebenholz und Elfenbein, und an ihm sind Figuren gemalt und Bildwerke angebracht ... Obwohl ich weiß, daß die Maße des Zeus in Olympia nach Höhe und Breite aufgezeichnet sind, möchte ich diejenigen doch nicht loben, die sie gemessen haben, da auch die von ihnen angegebenen Maße weit zurückbleiben hinter dem Eindruck, den das Kultbild auf den Beschauer macht, wo man ja doch erzählt, daß der Gott selbst Zeuge für die Kunst des Phidias geworden sei. Denn als die Statue fertig war, betete Phidias zum Gott, er möge ihm ein Zeichen geben, ob ihm das Werk nach Wunsch sei, und er habe sofort an der Stelle des Bodens einen Blitz niederfahren lassen, wo noch zu meiner Zeit die bronzene Hydria daraufstand. *Pausanias*

Kein anderes Götterbild der Antike, so sagen die Nachrichten, soll die gleiche Götternähe ausgestrahlt, den gleichen unverhüllten Einblick in den Glanz des Olymp gewährt haben. Zeus, der neue Herr der Welt, thront auf seinem himmlischen Sitz mit dem herrscherlichen Szepter und dem Sieg in den Händen, in unerreichbarer Ferne und doch in tröstlicher väterlicher Nähe: das größte, das erhabenste, das umfassendste Götterbild, das der Meister gestaltet, das er aus den Abgründen seines Sehertums ans Licht gehoben hat. Es scheint, daß schon die Zeitgenossen fassungslos vor dem Wunder dieser Kenntnis standen. Auf die Frage nach seiner Quelle, seinem Modell soll der Meister auf die homerischen Verse vom gewährenden, zunickenden

Lockenschüttler verwiesen haben. Aber hier war offenbar mehr als eine bildliche Erläuterung zum Dichtwerk, als eine geniale Umsetzung von Poesie in große Plastik geleistet worden: eine völlig neue Aussage über das Göttliche, sein Wesen, seine Bestimmung, seine Begegnung mit dem Menschlichen war in den Götterbildern des Meisters getan und in diesem Zeusbild auf unvorstellbare Art verdichtet. *Ernst Buschor*

Der Ausgräber sagt:
Drüben, unter der Kirche, im Süden des Grabungsbezirks, lag Phidias' Werkstatt – dort schmolz er die goldenen Platten, Blattwerk, millimeterdünn: bestimmt, den hölzernen Leib mit dem strahlenden Gelb des Gewands zu bedecken.

Der Ausgräber sagt:
Unsere Beute war groß: Negativformen, Schmuck und Behang, traten ans Licht; Elfenbeinproben, Hämmer und Meißel, Bronze und Stein, Goldblech und Ton, Leisten und Sterne aus milchigem Glas. Ein gläserner Regen sollte den goldenen Mantel des obersten Gotts überrieseln. Metallener Glanz, Reflexe und Blitze, gedämpft durch den schwarzen eleusinischen Stein des Parketts, gespiegelt im Muster pentelischen Marmors!

Zwölf Meter hoch das Bild, gehalten von einem mächtigen Mast, an dessen Verstrebung die emporgestreckte Hand gebunden war – ein triumphierender Christus am Kreuz!

Der Ausgräber sagt:
Es ist sehr seltsam, nach so langer Zeit in das Gesicht eines Menschen zu sehen, der, von Ehrgeiz verzehrt, sich wie Prometheus im Finsteren anband – ein gigantischer, böser Asket, Balzac zwischen Fron und Genuß. – Mochten draußen Prozessionen gehen, die Athleten

ins Stadion ziehen – Phidias scherte es nicht. Er tat seine Arbeit, sein einsames Werk, und schuf das Bild eines Gottes, dessen Tempel sein Hämmern und Klopfen verbot, so daß er sich vergraben mußte im Dunkel der Hütte. *Walter Jens*

Im Tempel der Hera befindet sich ein Kultbild des Zeus und der Hera; dasjenige der Hera sitzt auf einem Thron, Zeus steht daneben, bärtig und mit einem Helm auf dem Kopf. Es sind schlichte Werke ... Später stellte man auch andere Statuen im Heraion auf, so einen Hermes aus Marmor, er trägt den noch unmündigen Dionysos und ist ein Werk des Praxiteles. *Pausanias*

Das Gasthaus, in dem wir unsre Sachen abwerfen und den Dragoman zurücklassen, liegt auf einer dürftigen Anhöhe abseits von dem heiligen Bezirk, wo die Trümmer der Tempel liegen, der Schatzhäuser und die noch ruhenden Standplatten zahlloser Statuen. Abseits liegt auch das Museum. Bevor wir hinübergehen, überblicken wir befremdet eine ernste Landschaft wirrer niedriger Haine, unübersichtlich und undurchdringlich die mäßigen Hügel krönend, die den ebenen Grund der Heiligtümer umstehen ...

Danach gingen wir zum Hermes. Ich weiß nicht, ob ich anderes sah, was in dem Museum aufgestellt ist. Ich fühlte eine lichte, lächelnde Spannung, als wir uns, den Saal betretend, der Nische oder abgeteilten leeren Wand zukehrten, vor der der Gott stand.

Vor der wer stand? – Es war nicht der Gott, es war nicht der Mensch. O Freund der Götter und Menschen, dein Bildnis war es nicht mehr. Ich sah den *Praxiteles* selbst, ich sah dem Schöpfer ins Auge. Ich sah unter seinem fühlenden Meißel die Materie verschwinden. Ich sah sein Geschöpf. Dies war kein Marmor mehr, kein

Stein. Der Schenkel, die Brust, die Schulter, das Haupt, der Arm mit dem Knaben, das Tuch über dem Baumstamm, auf den er sich lehnt zu unbesorgterer Anmut – es war aus keinerlei Stoff. Die Materie war entrechtet; es atmete, blühte wie Leben. Das Erstmalige, das Nie-Zuvor aller Schöpfung stand in seinem ewigen Siege vor mir. Ich war allein mit ihm. Es hielt mir still. Es prüfte mich: nahe, ganz dicht. Es verwies mich in seinem Triumph. Doch es offenbarte sich auch, ergab sich in der Gewalt der Form. Aber welch ungeheurer Gewaltakt war es, Materie so zu entrechten, daß sie für ewig Leben ward ... Vom Stein zu diesem Siege war es so weit, wie vom Urbeginn der Welt bis zur letzten Belebung, wie vom Nichts bis zur Ewigkeit.

Da war nun dieser Schöpfung Geschöpf: der Gott mit dem göttlichen Kinde. Eine süße, sieghafte Wärme wehte uns an. Nichts wies zurück. Dies schien das Höchste: daß unbeschreibliche Anmut, ungehemmteste Schönheit, gewinnendste Freundlichkeit, köstlichstes Gleichnis, rührende Weichheit sich sorglos darstellte, preisgab, lächelte, von sich wußte, sich dennoch nie aufgab und nichts sich in Strenge verschloß.

Vielleicht war es dies Wohligste, was mir am nächsten ging: die Wärme dieser Seele in ihre Kreatur gegossen. Ich fühlte, wie sehr es mich beseligte, daß dies die erste Eigenschaft der Schöpfung sein dürfe.

Rudolf G. Binding

DER WETTKAMPF

Nur wenigen wird ohne Leid beschert,
Was über den Schätzen der Welt ist, die Lust
Des Siegs. Mich treibt des Zeus Gesetz zu singen
Der herrlichen Spiele erste Weihe.
Sechs Gänge hat der Kampf, und Herakles

Hat ihn bei Pelops uraltem Grab gegründet ...
Zu Pisa versammelte all sein Volk
Und all seine Beute des Zeus starker Sohn.
Dann maß er aus für seines Vaters Allmacht
Den heiligen Hain, und fest umzäumte
Die Altis er, die steht im offenen Feld.
Doch das Gefilde rings um den Ort
Hat er für Rast und Mahl bestimmt und hoch
Die Bahn des Stromes
Geehrt mit zwölf Steinen der Götterherrn.
Den Hügel des Kronos redete er
Mit Namen an, der unbenannt vor alters
Des schmelzenden Schnees Gewicht getragen ...

Pindar

Wenn sich die griechischen Völkerschaften in den Kampfspielen zu Olympia an den unblutigen Wettkämpfen der Kraft, der Schnelligkeit, der Gelenkigkeit und an dem edleren Wechselstreit der Talente ergötzen und wenn das römische Volk an dem Todeskampf eines erlegten Gladiators oder seines lybischen Gegners sich labt, so wird es uns aus diesem einzigen Zuge begreiflich, warum wir die Idealgestalten einer Venus, einer Juno, eines Apolls nicht in Rom, sondern in Griechenland aufsuchen müssen. *Friedrich von Schiller*

Ein geistiges Höchstes an leiblichen Spuren zu erkennen – hier auf griechischem Boden verliert die Forderung ihr Übermäßiges, beinahe Unverschämtes. Unter diesem Licht ist ja wirklich das Geistige leiblicher und das Leibliche geistiger als irgend sonst auf der Welt. Eine Ode des Pindar, die den Faustkampf verherrlicht – wenn man sie unter diesem Himmel aufblättert, so rückt der Kampf selber, das gewaltige Ringen und Schlagen Leib gegen Leib, wie von selbst in die wahre Mitte dieses silbernen Feuers von Poesie. Durch den olympischen Festplatz, wo sie einander trafen, rükken Athen, von dem wir so viel zu wissen glauben, und Sparta, von dem wir so wenig wissen, näher aneinander. Wir erraten, daß sie beide Griechen waren und daß es im höchsten Sinne griechisches Leben war, wie sie einander umschlangen und bis zum beiderseitigen Tod gegeneinander rangen. Unsere abgeblaßte Winckelmannische Vision, die das Schöne zu nahe an ein Anmutiges, und an ein entnervtes Anmutiges, herangebracht hatte – zu nahe an Canova! – und die noch immer irgendwo in uns lauert, hatte uns vergessen machen, wie eng die Schönheit mit der Kraft verschwistert ist und die Kraft mit allem Furchtbaren und Drohenden des Lebens – wie könnte sie sonst das Leben auf die Knie zwingen! *Hugo von Hofmannsthal*

Hier opferte die Blüte der hellenischen Jugend dem Götterpaar, ehe sie den Kampf um den Ölzweig des olympischen Siegers begann. Dies war eine Zeit, da der Mensch noch heil war, ein Geistleib, der sich der Kindschaft des Göttlichen freute. Auch das Göttliche hatte Leib und Gestalt, und vollendete Schönheit war sein Teil. Der schöne, strahlende Menschenleib war göttliches Gefäß. Das Heile und Heilige wohnten, wie in unserer Sprache, nebeneinander. Der Leib machte den Weg zu den Göttern nicht schwieriger; er erleichterte ihn. Heute wendet sich der Geist vom Leibe, der Leib vom Geist. *Rudolf Hagelstange*

Die Zeusstatue im Rathaus, die von allen Zeusstatuen ganz besonders zur Abschreckung von Bösewichtern geschaffen ist, hat den Beinamen Schwurgott und hält in jeder Hand einen Blitz. Bei ihr müssen die Athleten und ihre Väter und Brüder und auch die Lehrer über einem Eberopfer schwören, daß sie sich keinen Verstoß gegen die olympischen Wettkämpfe zuschulden kommen lassen werden. Die Athleten leisten dazu noch folgenden Schwur, daß sie sich insgesamt zehn Monate nacheinander der sorgfältigsten Übung hingegeben hätten. Es schwören auch diejenigen, die die Knaben und bei den Pferderennen die Fohlen zu beurteilen haben, daß sie ihr Urteil nach Recht und ohne Geschenke abgeben und das, was sich auf Zulassung oder nicht bezieht, geheimhalten werden. *Pausanias*

Göttergleiche Ehre und Seligkeit erwartete den olympischen Sieger. Diagoras aus Rhodos war mit dem jüngsten und ältesten seiner acht Söhne nach Olympia gekommen. Als nun die beiden Jünglinge gesiegt hatten, der eine im Faustkampf, der andere im Faust- und Ringkampf, trugen sie ihren Vater im Stadium umher und die Zuschauer bewarfen ihn mit Blumen und priesen ihn glücklich. Ein Lakedämonier aber trat zu ihm heran und sagte: „Jetzt stirb, Diagoras, denn du wirst doch nicht in den Himmel steigen wollen.“ So unmöglich schien es, daß ihm noch ein höheres irdisches Glück zuteil werde. Und Chilon aus Sparta, einer der sieben Weisen, starb in der Tat vor Freude, als er seinen Sohn als Sieger im Faustkampf umarmt hatte. Mit Recht sagt Cicero, daß ein olympischer Sieger in Griechenland mehr Ehre genieße als in Rom ein triumphierender Feldherr. *Hermann Hettner*

DELOS

Wann entschließest du dich, mein Geist, die heilige Delos,
Welche Apollo genährt, zu besingen? Zwar alle Kykladen
Unter den Inseln, die liegen im Meere, die heiligsten, alle
Fordern Gesang. Doch als erste begehrt die Gabe der Musen
Delos, weil sie den Meister der Lieder, Phoibos Apollon,
Einst gebadet, umhüllt und zuerst als Gottheit verehrt hat.

(Kallimachos)

Als eine kleine und recht kahle Insel, beherrscht von dem 112 Meter hohen Berg Kynthos, liegt Delos inmitten der Kykladen. Dem Mythos zufolge wurden hier am „Trochäischen See" die Zwillinge Artemis und Apollon unter einer Palme geboren. Ihrer Mutter Leto errichtete man in der Nähe dieses Heiligen Sees einen Tempel. Doch verehrten die ionischen Inselgriechen an erster Stelle Apollon auf dieser Insel. Delos war seit dem 7. Jahrhundert v. Chr. neben Delphi das wichtigste Zentrum seines Kultes. Alljährlich fanden zu Ehren des Gottes die „Delia", Feiern und Spiele, statt.

Unweit vom Hafen entstand das Apollon-Heiligtum: Drei nebeneinanderliegende kleinere dem Gott geweihte Tempel aus dem 6. und 5. Jahrhundert v. Chr., die von großen Kulthallen, einem Artemision und Schatzhäusern umgeben wurden. Nördlich des Apollon-Bezirkes stand der kleine Leto-Tempel. Hinter ihm führte eine Prozessionsstraße, auf einer Seite von einer Reihe monumentaler Löwen aus naxischem Marmor begleitet, zum Heiligen See. Heute sind von den Löwen noch einige an ihrem angestammten Platz zu sehen. In hellenistischer Zeit ließen sich in dieser Gegend die Kaufleute nieder. Im Süden der Heiligtümer dehnte sich die Stadt mit ihren Wohnhäusern, Amtsgebäuden und dem Theater am Hang des Kynthos aus. Auf dem Gipfel dieses Berges befand sich ein altes Heiligtum des Zeus und der Athena.

Wegen seiner großen kultischen Bedeutung spielte Delos auch politisch eine wichtige Rolle: Seit 477 v. Chr. war es der Mittelpunkt des Attischen Seebundes. Der Bundesrat hatte seinen Sitz auf der Insel und auch die Bundesgelder waren hier deponiert. Erst 454 v. Chr. wurde dieses Depot nach Athen verlegt. Dem wachsenden Einfluß Athens ist die 425 v. Chr. erfolgte endgültige Umbettung aller Gräber auf die

Nachbarinsel Rhenaia zuzuschreiben. Geburt und Tod wurden seither von Delos ferngehalten, die Bewohner der Insel zogen sich darum mehr und mehr nach Rhenaia zurück, um sich dort Landhäuser zu bauen. Dank seiner günstigen Lage wurde Delos in hellenistischer Zeit zu einem der bedeutendsten Handelsplätze, 166 v. Chr. von Rom sogar zum Freihafen erklärt. Doch fand seine wirtschaftliche Blüte mit dem Jahr 88 v. Chr. ein Ende, als König Mithradates VI. die Insel eroberte und plünderte. Bis auf den heutigen Tag blieb Delos unbewohnt.

DIE INSEL

Sei gegrüßt, du gottgegründete, liebstes Gewächs den Kindern der glänzend gelockten Leto,
Tochter des Meeres, des breiten Landes unbewegtes Wunder, das die Sterblichen
Delos nennen, die Seligen aber auf dem Olympos einen weithin-scheinenden Stern der blauen Erde. *Pindar*

Drei Stunden auf Delos – ein Gang vom Hafen durch den Tempelbezirk hinauf auf den Kynthos und zurück zum Kai. Die Sonne brannte, und die Steine – weißer, gesprenkelter, bläulicher Marmor – flimmerten in der Hitze. Der Boden war rissig und hell, eine Mischung aus Sand und halb vertrocknetem Gras. Wir waren ganz allein auf der Insel – allein in einem unermeßlichen Trümmerfeld, halb Marmor, halb Macchia, Unkraut und zerbrochener Stein ...

Delos: das ist der Spielzeugkasten eines Giganten, der Tummelplatz eines Riesen, der mit Tempeln und Häusern wie mit Bauklötzen umging. Ein Kyklop oder ein Titan, dessen Hand die Insel mühelos umspannte und die Gebäude mit einem einzigen Druck zu Scherben und Splittern zerhackte. Vereinzelt stehen noch Marmorsäulen herum, weiße Pfähle, die Beleuchtungsmasten ähneln. Altertümliche Löwen, die Beine amputiert, die Mäuler zu Grimassen zerschlagen, kauern auf flüchtig zusammengetragenen Blöcken. Unkraut wuchert zwischen den Steinen der Fundamente, Mauerwerk zerbröckelt im Gras, Sträucher und Büsche färben sich kalkig und grau. Stein wird zu Mörtel, Mörtel zu Geröll, Geröll zu Sand, Sand zu Erde; und aus Erde wird wieder Mörtel und Stein. Die Elemente vertauschen sich von Jahrtausend zu Jahrtausend – ein ewiger, niemals endender Kreislauf.

Seit jenem Tage, da alte Leute und schwangere Frauen, Gebärende und Sterbende, die Insel verlassen und nach Rheneia hinüberfahren mußten, ist das Leben auf Delos erstorben. Nur die Fremden machen, ein oder zwei Stunden, ein wenig Lärm, wenn ihre Füße gegen die Steine stoßen oder sie sich durch Rufe und Winken ihrer Lebendigkeit vergewissern wollen. Nachts aber und in der Hitze des Mittags ist es still auf Delos, und im Winter meiden die Boote die Insel. Der heilige See ist ausgetrocknet – aber nicht lange mehr, und er wird überlaufen, denn Poseidons Balken sind morsch. Apoll hat die Insel verlassen, und Delos, die Erscheinende, wird wieder im Meer versinken. *Walter Jens*

Seltsam – zu denken, daß dieses steinige Inselchen einmal das Herz eines religiösen Kultes und für damalige Maße eine Weltstadt war. Wie konnte dies sein, da doch dieser Brocken Fels der Inbegriff der Unfruchtbarkeit ist? Aber – kann man unfruchtbar nennen, was einen Gott gebar? Die Deler lebten im Licht. Und das gleiche Sonnenauge sieht auch heute auf Delos herab, aber die wenigen hier noch Lebenden fühlen nicht mehr, daß es apollinisches Licht ist, in dem sie stehen. Apollo ist entthront; ein anderer Gott, eine andere Botschaft haben die Ohren und Herzen der Menschen gewonnen. Aber welcher Gott, so richterlich und streng

26. Carl Rottmann: Delos. Enkaustik auf Steinguß. 1840. München, Bayerische Staatsgemäldesammlungen.

„Die kleine unbewohnte, nur von Hirten besuchte Insel Delos ward im Alterthum als Geburtsort des Sonnengottes verehrt; sein vorzüglichster Tempel war ihm hier geweiht, und viele Tausende wallfahrteten jährlich an diese geheiligte Stätte.“

27. Delos: Vor der wiederaufgerichteten Fassade eines kleinen dorischen Tempels, den die Athener um die Mitte des 2. Jahrhunderts v. Chr. der Göttin Isis errichten ließen.

langen Säulenhalle begrenzt. Nach Süden schlossen sich an den eigentlichen Tempelbezirk die Wohnhäuser der Priester, der Patrizier und der Kaufleute an. Nördlich des Tempelbezirks liegt der heilige, heute von Schilf überwachsene See, an dem Leto niederkam. Auf einer Terrasse über dem See stehen riesige steinerne Löwen. Es sind Plastiken des 7. Jahrhunderts. Auf ihre Pranken gestützt, die Hälse gereckt, die Rachen aufgerissen, sind sie von archaischer Majestät – mythische Geschöpfe, die einen Mythos bewachen. Auf einem der Plätze des Tempelbezirks liegt noch das Bruchstück einer riesigen Statue. Es ist der Rumpf eines Apollon aus dem grauen Marmor von Naxos. Die Venezianer haben die Statue einmal in zwei Stücke zersägt, um sie wegzuschleppen. Sie haben das Unternehmen aufgeben müssen. Der Koloß war zu schwer. Eine Hand dieser Statue befindet sich im Museum von Delos. Ein Fuß ist in London. Über die halbe Welt ist der Gott verstreut.

Peter Bamm

Das Geburtseiland des Apollon und der Artemis mit seinem jahrhundertelang unausgegrabenen heiligen Bezirk unter der Sonne vor Anker, während die Geschichte, die einst hier und in seiner Umgebung so lebensvoll pulsiert hatte, an ihm vorüberzog. Wenn auch heute nur noch wenig von den Tempeln und Bauten zu sehen ist, vermittelt doch ein Gang durch diese Reste zur hohen Terrasse, wo Apollons Tempel umgeben von Schatzhäusern, Säulenhallen, Höfen und den Tempeln der anderen Götter stand, jenes besondere Hochgefühl, das von den Heiligtümern des Phoibos ausstrahlt. Der alte Herr Baedeker sagt von Delos mit der etwas naiven Blindheit, die auch diesen großen Mann gelegentlich befallen konnte, daß der Ausflug nur für Archaeologen interessant sei. Das Gegenteil ist wahr! Von allen antiken Stätten ist Delos am ehesten geeignet, die Phantasie derer gefangenzunehmen, die eine Exedra nicht von einer Metope, dorisch nicht von korinthisch unterscheiden können und denen es gleich ist, was Säulen in antis sind. Denn hier ist der Platz, wo Apollon und Artemis geboren wurden ... Das von Cistusgestrüpp überwachsene, mit Geschichte beladene felsige Eiland, dessen heiliger Hafen noch immer benutzt werden kann, dessen Heiligtümer der Kegel des Kynthos hoch überragt, das kahl, buschbestanden, in seiner Einsamkeit süßduftend, vom sanft gewellten, rauschenden oder sturmgepeitschten Meer bespült wird, ist Poesie auch für den, der von den wahren Begebenheiten wenig weiß. Mehr noch als in Delphi wünscht man sich die fachmännische Wiederherstellung der Tempel und Statuen. Puristen würde das zwar schockieren, Romantiker aber wären begeistert.

Rose Macauly

Im Friedensschutze Apollons blühte auch das Geschäft. Es war das Schatzhaus des Attischen Seebundes, Bank und Umschlagplatz zwischen den hellenistischen Reichen, zwischen Europa und dem Orient, Handelszentrum der Ägäis unter den Römern und schließlich im spätrömischen Imperium der zentrale Markt für Sklaven und Hetären. In Griechenland wohnt das Geschäft gern neben dem Göttlichen. Nur in Griechenland?

Reeder, Bank- und Kaufleute errichteten auf der Insel Geschäftshäuser, Lagerhallen, Werkstätten und prächtige Luxusvillen – zweistöckige Rechtecke, flachgedeckt und langgezogen, mit geräumigen Säulenvorhöfen. Sie überbieten sich in kunstvollen Mosaikböden, die das späte Raffinement eines barocken Realismus bekunden: ein schön geformter Dreizack (genau denselben entdeckte man auf Fässern im Meer vor Marseille – so war er wohl das Geschäftszeichen eines Reeders, der auf Delos zu Hause war), ein pickender Vogel, springende Delphine, ein trunkener Silen sodann und der orientalisch gewandete Dionysos, auf einem Panther reitend. Aber auch an Zeugnissen des Alltags fehlt es nicht: am schönsten in ihrer formvollendeten Werkgerechtigkeit eine marmorne Ölpresse. Und schon damals war das Wasser die allgegenwärtige Sorge. Zahllos die Zisternen, die dem Regen entgegenwarten – eine große für das Volk, während die Reichen eigene Wasserspeicher unterhielten, Paradiese heute für die Frösche, die dicker und stimmgewaltiger nirgends sonst zu finden sind ...

Die Insel gipfelt in dem 107 Meter hohen Kynthos. Dort hatte Zeus die Geburt seines Sohnes abgewartet. Als es so weit war, barst das Eiland in Blumen und Blüten aus, singende Schwäne flogen über sie hin, hyperboräische Jünglinge und Jungfrauen brachten Opfer. Aus der See aber schoß eine diamantene Säule empor, an der die Insel vor Anker ging.

Der Tag neigt sich. Vom Kynthos aus nehmen wir Abschied. Und von seiner Höhe aus begreifen wir, warum Delos dem Lichtgott Apollon heilig ist, diesem griechischsten aller griechischen Götter. Es ist die Mitte des Kykladenrings, es ist das Herzstück der Ägäis, um das sich die Inselketten, Ring um Ring, schützend schlingen. Und es ist der Ort des reinsten Lichtes und der lichtesten Reinheit in Griechenland – auch Attika hat nichts seinesgleichen. Dies Licht ist materialisierter Geist; in ihm fallen die Sinne mit dem Sinn zusammen. Delos, „die Erscheinende", hört nicht auf, aus ihrem Licht Apollon immer wieder von neuem zu gebären.

Johannes Gaitanides

DIE GÖTTER

Als dich, Herrscher Apoll, dort unter dem wipfelnden Palmbaum,
Den sie mit Armen umschlang, Leto, die Hehre, gebar,
Dort am Auge des Sees, dich aller
Unsterblichen Schönsten,
Ward von ambrosischem Duft Delos geheiligtes Rund
Bis an die Ufer erfüllt, und es lachten
umher die Gefilde,
Und es erglänzte vor Lust blauer die Tiefe des Meers.

Theognis von Megara

Artemis schweift von Gebirg zu Gebirgen,
die fröhliche Schützin,
Sei's durch den langen Taygetos, sei's Erymanthos;
sie freut sich
Eber und hurtige Hirsche zu treffen;
mit ihr aber spielen
Nymphen vom Felde, die Töchter des Zeus,
des Schwingers der Aigis.
Aber auch Leto ist freudiger Stimmung im Innern;
denn stolzer
Trägt ja die Tochter Stirne und Haupt als die andern;
es kennt sie
Leicht ein jeder heraus, doch freilich,
schön sind sie alle.

Homer

Der Mythos nennt Apollon und Artemis Geschwister ... Artemis ist die Immerferne. Sie liebt die Einsamkeit der Wälder und Berge und spielt mit den wilden Tieren ... Es ist das sternklare, blitzende, blendende, leichtbewegliche Leben und Sein, dessen süße Fremdartigkeit den Mann um so hinreißender anzieht, je spröder es ihn selbst von sich weist; dies kristallhelle Wesen, das doch mit dunklen Wurzeln in die ganze animalische Natur verflochten ist; dies Kindlich-Einfache und doch Unberechenbare, von süßester Lieblichkeit und diamantener Härte; mädchenscheu, flüchtig, unfaßbar, und plötzlich schroff entgegengerichtet; spielend, tändelnd, tanzend, und ehe man sich's versieht, vom unerbittlichsten Ernst ...

Zum Wesen des Apollon gehört die Entrücktheit. In Delphi, Delos und an anderen Kultstätten glaubt man, daß er immer einen Teil des Jahres in geheimnisvoller Ferne bleibe. Mit Anbruch des Winters geht er fort, um erst mit dem Frühling, von frommen Gesängen begrüßt, zurückzukehren. Für Delos weilte er die Wintermonate in Lykien. Der Delphische Mythos nennt als seinen Aufenthaltsort das fabelhafte Land der Hyperboreer, deren auch in Delos seit alters viel gedacht worden ist. „Kein Schiff und kein Wanderer kann dorthin gelangen" (Pindar). Dort wohnt das heilige Volk, das keine Krankheit und kein Alter kennt, dem Mühen und Kämpfe fernbleiben. An seinen Opferfesten ergötzt sich Apollon; allenthalben rauscht es von Mädchenchören, Leierklang und Flötengetön, und schimmernder Lorbeer kränzt das Haar der heiter Schmausenden.

Walter F. Otto

Wie soll ich dich nun preisen, du ganzer
herrlicher Lobpreis?
Überall, Phoibos, sind ja für dich
Gesänge im Schwange,
Über das Festland, das Kälber ernährt,
und über die Inseln.
Jeder Blick von der Höhe, die steilen Zacken der hohen
Berge erregen Gefallen, zum Meere strömende Flüsse,
Ebenso Häfen am Meer und Küsten
am Rande der Salzflut.

DELOS

Oder soll ich auch preisen, wie Leto dich,
Freude der Menschen,
Damals gebar, als am Kynthos sie lag
auf der steinigen Delos
Meerumströmter Insel? Da wehten pfeifende Winde,
Dunkle Wogen stiegen von beiden Seiten ins Festland.
Dort begannst du den Lauf, du aller Sterblichen
Herrscher! *Homerischer Rhapsode*

DAS FEST

Welch ein Beben durchfuhr den Lorbeerbusch
des Apollon!
Beben das ganze Gebälk! Entweicht,Unheilige, weichet!
Phoibos schlägt ja schon mit dem schönen Fuß
an die Pforte.
Siehest du nicht? Süß neigte sich nieder
die delische Palme,
Unversehens. Der Schwan indes singt schön
in den Lüften.
Selber schiebet euch nun zurück, ihr Riegel der Tore,
Öffnet euch selber, ihr Schlösser! Schon weilt
der Gott in der Nähe.
Und ihr Knaben, bereitet euch zu Gesängen
und Tänzen.
Nicht jedwedem, allein dem Edlen zeigt sich Apollon.
Wer ihn sieht, der ist groß, wer nicht sieht,
der ist geringe.
Sehen werden wir dich, Ferntreffer, und nimmer
gering sein.
Laßt die Leier nicht schweigen und nicht verhallen
das Schreiten
Eurer Füße, da nun Apollon einkehrt, ihr Kinder,
Wollt ihr Hochzeit feiern dereinst und silberne Locken
Schneiden, und sollen auf altem Grund
die Mauern bestehen. *Kallimachos*

Ië,ië, Apollon von Delos!
Dort wollet, ihr Kinder der Leto, mich
Gnädigen Sinnes empfangen, mich, euren Diener;
Ich komme, ich komm' mit dem weithin schallenden,
Komm' mit dem honigsüßen
Klang eines prächtigen Paian. *Pindar*

Vor allem ... meldeten die priesterlichen Sagen des Ägäischen Meeres von jener langen Regennacht, die einst alles Inselland in Wasser begraben habe, wie vom östlichen bis zum westlichen Strande einst ein breites, hafenloses Meer geflutet habe. Aber die Fluten sanken, empor stiegen die Töchter des Meeres, Delos als die erstgeborene, die nach altem Dichterworte lange zitternd vor Bangigkeit unter den Wellen verborgen lag; dann hoben die andern Schwestern nacheinander die Häupter empor und begrüßten sich im neuen Sonnenlichte ...

Das ist eine Eigentümlichkeit des hellenischen Geistes, welche zugleich unserer christlichen Anschauung nahe verwandt ist, daß er es liebt, das natürliche Kleine und Unansehnliche groß und bedeutsam zu machen. So ist es diese dürftige, wüste Felsklippe, die kleinste und niedrigste der bewohnbaren Inseln, auf welcher Latona unter dem Dache einer Palme ihre göttlichen Zwillingskinder gebar. Dadurch ward Delos die heilige Insel, ein auf dem Meeresboden gegründeter Altar des Apollon, stets von Weihrauch und Hymnen umgeben, zu dem aus fernem Norden die Hekatomben jährlicher Festgaben dargebracht wurden, und in jedem fünften Jahre war dort das große Frühlingsfest, zu welchem die Verehrer des Apollon von allen ionischen Küsten mit Frauen und Kindern wallfahrteten. *Ernst Curtius*

DELOS

Phoibos, dein Herz schwelgt doch am reichsten in
Delos.
Dies ist der Ort, wo Ioniens Söhne
in wallenden Kleidern
Dir zu Ehren sich sammeln samt Kindern
und züchtigen Weibern.
Freude bereiten sie dir, denn sie denken an dich,
wenn der Wettstreit
Anhebt mit Tänzen und Liedern und Faustkampf.
Mancher der Gäste
Meint wohl, wenn er Ioniens Söhnen dort
allen begegnet,
Daß es unsterbliche seien und solche,
die nimmermehr altern.
Säh er bei allen doch Anmut, schwelgte sein Herz
doch in Freuden,
Wenn er die Männer erblickt und die schön
gegürteten Frauen,
Schiffe in eilender Fahrt und die Fülle ihres Besitztums.
Dies aber ist noch das größte Wunder,
sein Ruhm wird nicht enden:
Delische Mädchen, Dienerinnen des Schützen
ins Weite.
Diese preisen zuerst Apollon in Feiergesängen,
Dann wieder Leto und Artemis auch,
die fröhliche Schützin.
Weiter denken sie dann auch der Männer
und Frauen der Vorzeit,
Singen ihr Lob und bezaubern damit
die Völker der Menschen.
Aller Menschen Stimmen, der Klappern
rhythmische Schläge
Ahmen sie kundig nach – ein jeder meint da, er stimme
Selber mit ein, so herrlich fügt der Gesang
sich zusammen.

Homerischer Rhapsode

ABSCHIED

Das Geräusch der Meereswogen, die mit immer stärkerer Gewalt an die Felsen schlugen, verkündigte mir, daß der Wind sich erhoben hatte, und daß es Zeit sei, meine Reise fortzusetzen. Ich weckte meinen Josef und seinen Gefährten auf, und wir stiegen zusammen in das Schiff hinab. Unsere Matrosen hatten sich bereits zur Abreise fertiggemacht. Wir steuerten in die offene See hinaus, und der Wind, der vom Lande kam, trieb uns schnell nach Zea hinüber. Je mehr wir uns entfernten, je schöner kamen uns die Säulen des Tempels von Sunion über den Meeresspiegel vor. Man erblickte sie wegen ihrer blendendweißen Farbe und bei der Helle der Nacht im Azur des Himmels sehr deutlich. Wir waren schon weit vom Vorgebirge, und dennoch hörten wir noch immer die Brandung der Wellen am Felsen, das Sausen des Windes in den Wacholderstauden und das Gezirpe der Grillen, die heutzutage die alleinigen Bewohner der Ruinen des Tempels sind. Es waren die letzten Töne, die mir aus Griechenland nachhallten.

F. R. de Chateaubriand

Heller Mondenschein verklärte die Gegend, als das kleine Boot vom Lande stieß und mich hinausbrachte auf die Reede zum geräumigen Schiff. Mit vollen Segeln entführte es mich vom klassichen Lande, von meinen besten Freunden, von der vier Jahre lang tief empfundenen Poesie des Lebens. Wie erwünscht wäre mir jetzt konträrer Wind gewesen!

Nur wenigen Menschen unserer Zeit ist es vergönnt, nach Griechenland zu ziehen, noch wenigeren, es öfter als ein Mal zu schauen. Unendlich schwer ward es mir, dieses Land zu verlassen, von dessen tief erkannter und erforschter Schönheit ich mein ganzes Wesen durchdrungen fühlte. Wie gehoben und befriedigt war dort mein Gemüt beim Anblick der Natur! Wie störte mich der Wechsel im Charakter der Gegend, als Griechenland dem Auge entschwand. Farblos und matt schien mir jede andere Landschaft. Eine unaussprechliche Sehnsucht zog mich zurück zu dem Lande, das durch den dichterischen Geist seines Volkes so herrlich belebt ist. Für mich hat es die Ferne wohl auf ewig entrückt!

Otto Magnus von Stackelberg

Das Pfeifchen des Bootsmannes schrillte, und nach dem Laute einer Trommel und Flöte begannen die Matrosen die Ankerspindel im Rhythmus zu drehen. Die Kette rasselte auf dem Verdecke, der schwere Anker hob sich aus dem Meeresgrunde empor, die Segel wurden gelöst, ein frischer Hauch des Kaikias schwellte sie, und – ich verließ Griechenland ...

Lebe wohl, du Heimat des Ruhmes und der Schmach, der Frömmigkeit und Gottlosigkeit, der begeisterten Freiheit und der niedrigsten Sklaverei, des Reichtums und der Pracht, der Armut und des Elends. Lebe wohl, Heimat göttlicher Weisheit und verworfener Sophisterei; Heimat hoher Beredsamkeit und verächtlicher Rhetorik, des Glaubens und des Aberglaubens.

Lebe wohl, du Vaterland der Menschen ...

Leo von Klenze

Athene hat uns schon ihr Angesicht entzogen: die Akropolis verbirgt sich hinter leichtem Dunst. In zwei Tagen werden wir in Brindisi landen und werden im Flug das glückliche Kampanien durcheilen, ich aber werde auf der Durchfahrt die Augen schließen, um das Bild einer höheren, stolzeren und zarteren Schönheit festzuhalten.

Isolde Kurz

Diese ganze peloponnesische Reise hat mich sehr befriedigt, und ich überblicke mit Vergnügen, wie manches Kapitel der griechischen Geschichte ich nun ganz anders schreiben könnte, als es ohne diese Anschauung möglich war.
17. Junius 1840, Mittag *Carl Otfried Müller*

Es war schön und gütiges Geschenk, in jenem kleinen Land zu pilgern! Seine große Vergangenheit, die in den Steinen redet, ist uns Heiligtum. Seine große Natur, die aus Fels und Meerestiefen redet, ist uns Heiligtum. Und das gute, herzgewinnende Menschenvolk, irgendwie doch Nachkomme und Erbe jener genialen Alten, die schlichten Menschen, die wir kennen und lieben lernten, auch sie sind uns Heiligtum. Und dies ist das Abschiedsgefühl: man fühlt sich gebessert und geläutert, wenn man ein Heiligtum verläßt. *Theodor Birt*

Geschaut hab ich,
Kann scheiden,
Gehört hab ich,
Kann heimkehren.

Gesungen hab ich,
Kann schlafen,
Gehofft hab ich,
Will wiederkehren.

Ernst Bertram

QUELLENNACHWEIS:

Aischylos: Die Perser (In: Geschichte in Quellen, Bd. 1, München 1965, S. 172f.) – S. 89

Antoninus Liberalis ↗**Sagen,** Griechische

Apollodori Bibliotheca ↗**Sagen,** Griechische

Ariphron von Sikyon ↗**Bachofen,** Johann Jakob

Bachofen, Johann Jakob: Griechische Reise (Heidelberg 1927, S. 58+63f. 89f. 101ff. 152f. 180f. 196f.) – S. 123+125. 145. 150. 158. 166. 163+168

Bamm, Peter: An den Küsten des Lichts (© Kösel-Verlag, München [3]1962, S. 194f. 291ff.) – S. 152. 19+212

Bengtson, Hermann: Griechische Geschichte (© C. H. Beck'sche Verlagsbuchhandlung, München 1979) – S. 64

Bertram, Ernst: ‚Lebendiges Holz' (In: Griechenland, © Insel Verlag, Frankfurt a.M. 1934, S. 133) – S. 227

Binding, Rudolf G.: Erlebtes Leben (Frankfurt 1956, S. 128. 131f. 133ff.) – S. 15. 148. 204

Birt, Theodor: Griechische Erinnerungen eines Reisenden (Marburg 1902, S. 301) – S. 227

Burckhardt, Jakob: Vorträge 1844–1887 (Basel 1919, S. 243f.) – S. 44

Ders.: Griechische Kulturgeschichte (Basel 1956, S. 91ff.) – S. 189

Buschor, Ernst: Vom Sinn griechischer Standbilder (© Gebr. Mann Verlag, Berlin 1942, S. 47) – S. 21

Ders.: Phidias der Mensch (München 1948, S. 25f.) – S. 202

Byron, Lord: Ritter Harolds Pilgerfahrt (In: Sämliche Werke, Leipzig 1902, S. 440) – S. 46

Ders. ↗**Gigon,** Cordula

Chateaubriand, F. R. de: Tagebuch einer Reise von Paris nach Jerusalem durch Griechenland (Freiburg 1817, S. 85ff. 140f. 206f. 222f.) – S. 184. 27. 22. 225

Cicero (In: Geschichte in Quellen, Bd. 1, München 1965, S. 129) – S. 104

Cocteau, Jean ↗**Ogrizek,** D.

Curtius, Ernst: Naxos (In: Vorträge im Wiss. Verein zu Berlin 1846, S. 6+12) – S. 223

Ders.: Göttinger Festreden (Berlin 1864, S. 162f.) – S. 11

Ders.: Die Akropolis von Athen (Berlin 1844, S. 5f. 22f.) – S. 31. 47

Curtius, Ludwig: Deutsche und Antike Welt (Stuttgart 1950, S. 169f. 262f.) – S. 18. 87

Däubler, Theodor: Mit silberner Sichel (Hellerauer Verlag, Dresden-Hellerau 1915, S. 30) – S. 14

Ders.: Sparta. Ein Versuch (Leipzig 1923, S. 5) – S. 183

Ders.: Griechenland (Berlin 1947, S. 56ff. 135f. 153) – S. 70. 127. 167

Ders. ↗**Ulbricht,** Hanns

Dörpfeld, Wilhelm – **Reich,** Emil: Das Griechische Theater (© Scientia Verlag, Aalen 1966) – S. 56

Eschmann, Ernst Wilhelm: Griechisches Tagebuch (© Eugen Diederichs Verlag, Köln 1936, S. 48 ff. 53 ff. 100 f. 142 ff. 271 f.) – S. 108. 117. 186. 150. 164

Euripides: Medea (In: Geschichte in Quellen, Bd. 1, München 1965, S. 194) – S. 26

Flaubert, Gustave: Tagebücher (Potsdam 1920, S. 183 ff. 198 f.) – S. 125. 185

Furtwängler, Adolf: Aigina – Das Heiligtum der Aphaia (München 1906, S. 10 + 21. 308) – S. 84. 24

Gaitanides, Johannes: Inseln der Ägäis – Schwestern der Aphrodite (München 1963, S. 28 f.) – S. 218

Geibel, Emanuel: Übersetzungen (In: Ausgewählte Werke, Leipzig 1931, S. 49. 246 f. 275. 290) – S. 62. 101. 115 + 220. 61 + 92

Gigon, Cordula: Byron in seinen Briefen und Tagebüchern (Zürich – Stuttgart 1963, S. 103) – S. 15

Goethe, Johann Wolfgang von: Iphigenie (In: Werke, Bd. 3, Hamburg 1952, S. 7. 33) – S. 10. 147

Ders.: Sprüche in Prosa (In: Maximen und Reflexionen III, 77) – S. 9

Hagelstange, Rudolf: Einleitung zu Noack: Griechenland (Berlin 1957, S. 14) – S. 191 + 207

Ders.: ‚Das Lied der Muschel' (In: Ägäischer Sommer, © Paul List Verlag, München 1959, S. 69 ff. + 80 f.) – S. 211

Hallerstein, Karl Haller von: Reisebriefe (In: „Der Grenzbote" 1876, S. 210 f. 255. 283) – S. 83. 184. 67

Hauptmann, Gerhart: Griechischer Frühling (In: Sämtliche Werke, Bd. 7, © Ullstein/Propyläen, Berlin 1962, S. 41 f. 45. 47. 49 f. 58 f. 81 f. 102 f.) – S. 198. 19. 54. 43. 98. 109. 155

Hausenstein, Wilhelm: Reisetagebuch eines Europäers (© Prestel Verlag, München 1965, S. 54 f.) – S. 111

Heimeran, Ernst – **Hofmann,** Michael: Antike Weisheit (München 1959, S. 7. 93. 115. 129.) – S. 180. 30. 190. 180

Herodot: Neun Bücher griechischer Geschichte (Köln o.J., S. 466 f.) – S. 62

Ders.: Historien (Stuttgart 1959, S. 473) – S. 188

Hettner, Hermann: Griechenland in Schilderungen deutscher Reisender (Leipzig 1923, S. 72 f.) – S. 106

Ders.: Griechische Reiseskizzen (Braunschweig 1853, S. 78 f. + 92 ff. 99 ff. 107 + 110. 123 f. + 137 f. 208 f. 247. 264) – S. 41 + 45. 22. 43. 48. 143 + 145. 208. 61

Hofmannsthal, Hugo von: Augenblicke in Griechenland (In: Gesammelte Werke, Prosa III, © S. Fischer Verlag, Frankfurt a. M. 1977) – S. 51

Ders.: ↗ **Holdt,** Hans

Hölderlin, Friedrich: Der Archipelagos (In: Werke, Bd. 1, Leipzig 1924, S. 207 f.) – S. 93

Ders.: Der Einzige (In: Werke, Bd. 1, Heidelberg 1949, S. 166f.) – S. 14
Holdt, Hans: Hugo von Hofmannsthal, Griechenland (Berlin 1928, S. Vff. VIII) – S. 10. 20. 138. 206
Homerische Hymnen (München 1961, S. 31f. 35. 41f. 117. 119) – S. 97. 221. 224. 96. 187
Homer: Odyssee (München 1961, S. 161) – S. 220
Iustinus ↗**Reutern,** Georg von
Jens, Walter: Die Götter sind sterblich (Pfullingen 1959, S. 41f. 59ff. 75f. 79f.) – S. 203. 210. 178. 154
Kallimachos, Die Dichtungen des (Zürich 1955, S. 59. 103) – S. 222. 209
Karo, Georg: Führer durch die Ruinen von Tiryns (Athen 1915, S. 22) – S. 160
Kästner, Erhart: Ölberge – Weinberge (© Insel Verlag, Frankfurt a. M. 1960, S. 62. 72f. 128ff. 143f.) – S. 69. 85. 197. 114
Kazantzakis, Nikos: Im Zauber der griechischen Landschaft. Aus dem Griechischen von J. Rosenthal-Kamarinea (© F. A. Herbig Verlagsbuchhandlung, München 1978) – S. 138
Kerenyi, Karl: Der göttliche Arzt (Wiss. Buchges. Darmstadt ^{3}1975, S. 43ff. 52ff.) – S. 179. 165
Klenze, Leo von: Aphoristische Bemerkungen gesammelt auf seiner Reise nach Griechenland (Berlin 1838, S. 518f. 696f.) – S. 158. 226
Kurz, Isolde: Die Bleibenden (In: Altklassisches Erbe, München 1956, S. 5f. 247) – S. 16. 226
Dies.: Wandertage in Hellas (München 1914, S. 40ff. 69f. 185) – S. 55. 91. 199
Lamartine, Alphonse de: Sämtliche Werke (Stuttgart 1839, S. 197ff.) – S. 42
Macauly, Rose: Zauber der Vergänglichkeit (München–Zürich 1966, S. 142f. 144) – S. 23. 217
Miller, Henry: Anne Poor / Griechische Impressionen (© Claassen Verlag, Wien – Düsseldorf 1964, S. 45ff.) – S. 13
Ders.: Der Koloß von Maroussi (© Rowohlt Verlag, Hamburg 1956, S. 36f. 64. 67. 71) – S. 102. 177. 17. 153
Müller, Carl Otfried: Tagebuch einer griechischen Reise (In: C. O. Müller, Lebensbild in Briefen, Berlin 1908, S. 351. 358. 367) – S. 185. 227. 107
Nebel, Gerhard: Meergeborenes Land – Griechische Reisen (Hamburg 1968, S. 178f. 259ff.) – S. 68. 189
Nietzsche, Friedrich: Werk (München o. J., S. 23ff.) – S. 116
Ogrizek, D.: Jean Cocteau (In: Griechenland, Wien 1953, S. 8. 9) – S. 149. 12
Otto, Walter F.: Die Götter Griechenlands (© Vittorio Klostermann, Frankfurt a. M. 1961, S. 32. 63f. + 91) – S. 71. 220
Ovid: Die erotischen Dichtungen (Stuttgart 1958, S. 265) – S. 28
Pausanias: Beschreibung Griechenlands (Zürich 1954, S. 69f. 74. 78.

90. 97. 111. 123. 132ff. 165f. 254+256. 267f. 493ff.) – S. 57. 41. 46. 62. 103. 128. 207. 157f.+181. 190. 201. 204. 119
Pfohl, Gerhard: Griechische Inschriften (München o.J., S. 143) – S. 180
Pindar: Die Dichtungen und Fragmente (Leipzig 1942, S. 106. 208. 217) – S. 82. 223. 27
Ders.: Dichtungen (Leipzig 1965, S. 61. 211. 217. 223. 226) – S. 124. 81. 210. 139. 89
Ders. (In: Geschichte in Quellen, Bd. 1, München 1965, S. 124f.) – S. 205
Plutarch: Griechische Heldenleben (Stuttgart 1953, S. 16f. 48f. 112f. 181f.) – S. 92. 32. 100. 140
Ders. (In: Geschichte in Quellen, Bd. 1, München 1965, S. 144) – S. 188
Ders.: Über Gott und Vorsehung, Dämonen und Weissagung (Zürich 1952, S. 50) – S. 119
Ponten, Josef: Griechische Landschaften (© DVA, Stuttgart 1914, S. 1. 76. 137) – S. 12. 200. 161
Pückler-Muskau, Fürst Hermann von: Südöstlicher Bildersaal (Heilbronn o.J., S. 219f.) – S. 144
Reutern, Georg von: Hellas (München 1963, S. 183ff.) – S. 107
Reventlow, Franziska Gräfin zu: Tagebücher 1897–1910 (In: Gesamtwerk, © Albert Langen Georg Müller Verlag, München 1925, S. 162) – S. 32
Rodenwaldt, Gerhart: Die Akropolis von Athen (In: Hellas, Kunst der Griechen, Tübingen o.J., © Deutscher Kunstverlag, München, S. 69f.) – S. 50
Ross, Ludwig: Erinnerungen und Mitteilungen aus Griechenland (Berlin 1863, S. 141f. 228f.) – S. 86. 146
Sagen, Griechische; Herausgegeben von L. Mader (Zürich 1963, S. 9. 235) – S. 96. 83
Scheffer, Thassilo von: Hellenische Mysterien und Orakel (Stuttgart 1948, S. 30f. 135f. 151ff. 169f. 171f.) – S. 99. 112. 116. 177. 165+166
Schiller, Friedrich von: Briefe über die ästhetische Erziehung des Menschen (In: Werke, Bd. 4, Stuttgart 1877, S. 594) – S. 206
Ders.: Ungedruckte Xenien aus den Handschriften (In: Werke, Leipzig 1940, S. 580) – S. 60
Ders.: Die Kraniche des Ibykus (In: Werke, Bd. 2, Leipzig 1940, S. 600) – S. 140
Schliemann, Heinrich: Briefwechsel (Berlin 1958, S. 187) – S. 159
Schmid, Carlo: Erkenne Deine Art. Was mir Hellas bedeutet (In: Christ und Welt, 19. Jg. Nr. 26, S. 8) – S. 60
Simonides von Keos ↗**Geibel,** Emanuel
Sophokles: Tragödien (Stuttgart 1962, S. 87. 125) – S. 89. 155
Stackelberg, Otto Magnus von: Schilderungen seines Lebens und seiner Reisen in Italien und Griechenland (Heidelberg 1882, S. 238ff. 267. 295f.) – S. 192. 154. 225

Strabos Erdbeschreibung (Berlin o.J., S. 188. 229) – S. 201. 128
Ders. (In: Geschichte in Quellen, Bd. 1, München 1965, S. 127) – S. 113
Theognis von Megara ↗**Geibel,** Emanuel
Thukydides: Geschichte des Peloponnesischen Krieges (Paderborn 1964, S. 10) – S. 183
Ders.: Perikles' Rede über die Attische Demokratie (In: Wort und Sinn, Paderborn 1965, S. 220ff.) – S. 28
Ulbricht, Hanns: Theodor Däubler (Wiesbaden 1951, S. 61) – S. 14
Vischer, Wilhelm: Erinnerungen und Eindrücke aus Griechenland (Basel 1857, S. 97f. 135f. + 143f. 189f. 252f. 256f. 262f. 315. 507. 510f.) – S. 103. 49. 58. 139. 126. 137. 149. 181. 81
Welcker, Friedrich Georg: Tagebuch einer griechischen Reise (Berlin 1865, S. 103. 177f.) – S. 31. 148
Wilamowitz-Moellendorff, Ulrich von: Erinnerungen 1848–1914 (Leipzig 1928, S. 156. 218) – S. 182. 197
Winckelmann, Johann Joachim: Gedanken über die Nachahmung der griechischen Werke in der Malerei und Bildhauerkunst (Paderborn 1963, S. 27) – S. 20
Wolf, Christa: Voraussetzungen einer Erzählung: Kassandra (Sammlung Luchterhand 456, © Luchterhand Verlag, Darmstadt und Neuwied 1983, S. 22f.) – S. 53